Een kleenet Menschenkind

Erinnerungen
an Helga Hahnemann
von Angela Gentzmer

Een kleenet Menschenkind

Erinnerungen an

Helga Hahnemann

von Angela Gentzmer

Mit vielen Fotos aus dem Leben und von Bühnenauftritten Helga Hahnemanns

VERLAG DAS NEUE BERLIN

Dit Schönste von Berlin sind wir Frauen. Der Mann, der so eene abkriegt, kann sich gratulieren! Wenn se't richtig jut mit ihm meint, lebt se einfach länger als wie er. Denn besucht sie ihn vormittags mit de Jießkanne uff'm Friedhof – und nachmittags schreibt se uff Heiratsannoncen. Wat heißt hier: Berliner Frauen sind schnippisch? Ph, wir können alles vertragen. Bloß keine Widerworte!

War schön mit Euch
ick mach jetzt 'ne Fliege,
hab vom Tratschen schon Fusseln am Mund.
Seid nicht enttäuscht,
los, bringt mich 'ne Biege,
ick brauch jetzt Latschen,
bin müde wie 'n Hund.

Verzeih mir, Hennekin, aber das hier wird kein lustiges Buch. Im Radio läuft *Sitten on the Dock of a Bay* – Dein Lieblingslied –, auf meinem Schreibtisch steht Dein Foto, und ick guck Dich an, und Du mich, als wolltest Du sagen: »Na, Gelachen, brütest du wieder wat aus, eh?« Ach Henne, hundertmal lieber würde ich eine Show für Dich schreiben, wenn da nicht dieser verdammte 21. November wäre, diese näselnde Reporterinnenstimme am Telefon: »Wir haben soeben erfahren, daß Frau Hahnemann tot ist, können Sie uns das bestätigen, Frau Gentzmer?«

Ich sollte was? Du, ich hatte das Gefühl, die verwechselt mich mit der Psychiatrischen der Schwarzwaldklinik! Weißt ja, die Yellow-Press schreckt vor nichts zurück! Ja, genau, die hatten ein Portrait von Dir in ihrem Blatt, das hätte Deine vierundneunzigjährige Mama sein können. Also, nochmal: Was wollen diese Affen? Wissen, ob Du …? Warum krieg ich denn plötzlich solches Herzflattern? Scheiß Presse! Ich schlucke eine, dann lieber gleich drei Rudotel, nach zwanzig Minuten, hat mein Hausarzt gesagt, wird man ganz ruhig – Scheißärzte! Der Telefonhörer fällt mir, als ich Deine Nummer wähle, fast aus der Hand. Dann Barbaras ruhige Stimme: »Ja, Gela, was gibt's?«

Gottseidank! Sie fragt mich, was es gibt, das kann kein Mensch fragen, wenn *das* eben erst passiert wäre. Also lache ich wie ein Depp und erzähle glucksend diese Ungeheuerlichkeit.

Sie unterbricht mich ebenso ruhig: »Ja, das stimmt. Ich geb dir mal Inge.«

Inge! Endlich jemand, dem man vertrauen kann. Inge sagt immer alles so, wie es ist, ohne Schnörkel, ohne Emotionen, und ich klammere mich jetzt an die Möglichkeit, daß es vielleicht ein Autounfall war, nichts Schlimmes natürlich, mehr laß ich einfach nicht zu. Komm, komm, Hennekin. Du hast Dich für den besten Fahrer der Welt gehalten und mich für »die letzte Pflaume am Steuer«, aber denk mal dran, wie oft Du Deine Vollbremsungen gemacht und mir Deinen ausgestreckten Arm vor die Brust geknallt hast, damit ich nicht mit der Birne durch die Scheibe gehen sollte. Na ja, na ja!

Inges Stimme ist traurig. Sie sagt: »Ja, Gela, es ist unfaßbar, aber unsre Henne ist gestern um 20.10 Uhr an Lungenkrebs gestorben. Komm doch her, Mädel, wir – ein paar Freunde – sitzen hier bei Henne zusammen.«

Sämtliche Lichter in Deinem Haus brannten. Wie bei Deinen Partys. Hinter der Terrasse Deine »Weihnachtsbaumbeleuchtung«: Hunderte von kleinen Glühlampen im Apfelbaum verteilt. Hattest Du bei *Joe am Kudamm* gesehen und schau gefunden. Im Flur lauter bekannte Gesichter, eifrig diskutierend und kurz »Hallo« sagend. Hab mich in eine Ecke Deiner knallroten Couch verkrümelt und war mir ganz sicher, daß jeden Moment die Tür aufgehen würde, Du den Kopf reinstecken und fragen würdest: »Will noch eener Wein? Ick hab Chablis im Keller!« Nun nicht mehr, Hennekin.

Ich will wissen, weshalb mir niemand Bescheid gegeben hat, daß es Dir so mies geht. Du hattest es angeblich verboten.

Pitti, einer Deiner strammen Kater, kommt angeschlichen, legt sich auf den weißen Teppich. Er versteht die Welt nicht mehr, läßt sich in seiner Verzweiflung von jedem kraulen. Ich hocke mich zu ihm und streichle sein seidenweiches Fell, das er dank Deiner Vitaminstöße – Ei, Kaffeesahne, Zitrone – hat. »Die brauchen dit«, hast Du behauptet. »Allet Quatsch!« hat Barbara sich an die Stirn getippt, »als sie verreist war, haben beide Viecher von meinem Essen was abgekriegt, und dit haben se auch gefressen wie blöde!«

»Pitti, der ist herrlich«, hattest Du mir lachend erzählt, »der kommt mitten in der Nacht die Treppe hochgepoltert, wie son Kerl, setzt sich vor mein Bett und wartet. Denn brauch ick bloß zu sagen: Na los, komm schon! Denn kuschelt er sich in meinen Arm und legt eine Pfote ganz vorsichtig an meine Wange – wie'n echter Liebhaber. Mauzelmaus ist vorsichtiger, der wagt sich nur bis ans Fußende.«

»Mauzer ist doch kein Name«, hatte der Tierarzt gebrabbelt. Da warst Du bei ihm aber auch noch neu, und er konnte nicht ahnen, daß es in Deinem Leben von Pittis, Mauzers, Kikis, Kathis, Tuchtis und Blödis nur so wimmelte.

»Was wird mit den beiden Katzen?« will ich wissen.

»Es bleibt alles so, wie es ist«, sagt Margot. Sie schaut ganz klein und verloren aus ihrem Sessel heraus. »Henne hat für alles gesorgt!«

Also der perfekte Abgang, Hennekin? Wie von der Bühne? O ja, Du warst immer ein Profi, und Laien konntest Du nicht verknusen! Ich glaube fast, Du hattest eine panische Angst vor allem, was in Deinen Augen nicht vollkommen war! Doch, doch, gib es zu, Henne. Du konntest keinen Rollstuhlfahrer sehen, ohne in mitleidiges Gejammer auszubrechen. »O Gott, Gela, stell dir vor, wir müßten in so 'nem Ding sitzen, wär dit nich furchtbar?« In Deinen Shows standen ja auch immer in der ersten Reihe jede Menge Rollstuhlfahrer, und einmal – das war, als Du als diese beknackte »Sporttante Ilse Gürtelschnalle« zwischen die Zuschauer poltertest und alle anbrülltest: »Los! Hoch! Wird's bald? Wir heben beide linke Hände hoch – jawohl, wir haben alle zwei linke Hände, sonst würde es in unserer Wirtschaft ja wohl besser aussehen!« – fiel plötzlich Dein Blick auf einen Zuschauer, der seelenruhig auf seinem Platz sitzengeblieben war. Also hast Du ihn angeblökt: »Sportsfreund Klaus-Dieter, willst Du wohl sofort Deine vier Buchstaben erheben?« Der junge Mann schüttelte seinen Kopf. »Kann nicht! Hab'n Holzbein!« Bist Du da nicht, wie von einer Keule getroffen, auf ihn zugewankt, hast seine Hand getätschelt und von Reue zerfressen geflüstert: »Oh, entschuldigen Sie bitte. Das wußte ich nicht. Nehmen Sie es mir nicht übel, nein?« Was Du allerdings nicht ahnen konntest: Der Typ war ein Freund von Tamara, ein Musiker, der sich mit dem »Holzbein« nur einen

Jux gemacht hat. Merkwürdig, in der Beziehung warst Du – ach was –, waren wir sechzehn Millionen ausgesprochene Produkte unseres Regimes, das am liebsten alles Unvollkommene versteckt und verdrängt hätte, nur damit das Image der DDR nicht verletzt wurde.

»Sportsfreunde, wir heben unsre zwei linken Hände hoch! Auch Ihr da oben auf den billigen Plätzen!«

Mein Trauma war von jeher, irgendwo zu spät zu kommen. Ich haßte blödsinnig gestammelte Entschuldigungen und ein gottergebenes »also, fangen wir nochmal von vorne an« der Kollegen, die weit über das »akademische Viertel« hinaus auf mich Schlampe lauern mußten.

Mit Dir zusammen bin ich ewig zu spät gekommen, stimmt's? Deshalb Deine Vorwarnungen bei jeder Verabredung: »Gela, renn nich gleich wieder uff de Straße raus und steh dir de Beene in'n Bauch!« Im Auto hast Du mich dann jedesmal von der Seite angeglubscht und gesagt: »Mensch, sei doch bloß nich so fickrig! Ick muß nich pünktlich sein! Bin ja schließlich keene Chorfrau!«

Dein »mea culpa – mea maxima culpa« hat natürlich auch überall großes Verstehen und Verzeihen ausgelöst. Der Star hatte wieder mal seinen Auftritt, und die »Schreibmaschine« an Deiner Seite brauchte überflüssigerweise mal wieder 'ne Kopfschmerztablette.

Aber am 8. Dezember bin ich echt zu spät, und ich kann Dir nicht mal die Schuld in die Schuhe schieben, denn Du warst offensichtlich überpünktlich. Deine Erika, seit Jahren die treue Seele in Deinem Haus, kommt mir tränenüberströmt entgegen und schluchzt: »Nicht mal mir haben sie gesagt, daß die Trauerfeier eine Stunde früher ist!«

Ich kann keinen klaren Gedanken fassen; was, um Himmelswillen, hat man denn hier mit Dir gemacht, Hennekin?

Nein, nein, ich habe keine Angst vor einem Friedhof, im Gegenteil, die »Ribbek'sche Ruhestätte« finde ich sogar richtig anheimelnd: *... und die Jahre gingen wohl auf und ab, längst wölbt sich ein Birnbaum über dem Grab*. Oder – ja – genau, die alte Frau aus Deinem Lied, die ihrem Karl, während sie sein Grab schön harkt, von ihren Alltagssorgen erzählt: *... der Piepmatz ist noch da und singt genau wie eh und je. Er und die Mieze sind die einzigen Menschen, die ick täglich seh!*

Aber das hier, ein Jahrmarkt? Oder die schlechte Kopie von *Hinterm Rampenlicht*? Irgendwo dudelt's aus einem Kassettenrecorder: *Jetzt kommt Dein Süßer ...*, überall

Menschen, die Sekt aus Pappbechern trinken, Kollegen, unschlüssig, vielleicht sind sie ja auf der falschen Beerdigung? Nein? Wohin dann mit den Blumen? Auf diesen Haufen dort? Inge geht, müde abwinkend, an mir vorbei, Dagmar Frederic umarmt mich und flüstert fassungslos: »Einen Hund hätte man würdiger begraben!« Ich möchte wegrennen, den lauernden Reportern einen Vogel zeigen, vor Wut brüllen: Henne, das hast Du nicht verdient! Aber auf einer Beerdigung hält man die Klappe!

War das 1974, als Du auf meinem Sofa gesessen und mir vorgeschlagen hast: »Was halten Sie'n davon, wenn wir beede zusammen 'n Quatschmacher-Team bilden?«

Zu diesem Zeitpunkt hätte bei Fernsehens kein Hund ein Stück Brot von mir genommen.

Mann wegen Antiquitätenbesitzes im Knast, Tochter Theologie-Studentin (schon beim Nennen der Fakultät zuckte alles wie von einer Natter gebissen zusammen, denn Theologie galt, laut Marx, als Irrlehre) und Mutter, der es nicht gelungen war, Mann und Kind auf dem »Einheitspfade« zu halten. Ergo drohte mir nach zweiundzwanzigjähriger SED-Mitgliedschaft der Rausschmiß. Für Dich damals alles null Problem. »Da muß Eddy ran!« warst Du fest überzeugt.

»Eddy? Külow? Der Kabarettist? Warum?«

»Weil Eddy 'n Kumpel ist!«

Er hatte drei intelligente Bengels und eine sehr hübsche Frau. Mich fixierte er eine Weile und meinte dann bedächtig: »Hm, sag mal, gibt es denn nicht etwas in deinem Leben, was man – rein arbeiterklassenmäßig – ein bißchen aufmotzen könnte?«

Gab es nicht. Ich hatte beim Fernsehen von der Pike auf angefangen, das war's!

»Und vorher?«

»Da war ich Verkehrspolizistin!«

Du und Eddy, Ihr brülltet steil auf: »Super! Das isses!«

Wie ein Fels stand Eddy plötzlich mitten im Wohnzimmer, schlug sich mit der flachen Hand wie ein Asthmatiker auf die Brust und keifte los: »Genossen, vor euch steht eine Polizistin, die sich während des Aufstandes 1953 dem Klassenfeind mit offener Brust entgegenwarf ...«

»Offene Brust jeht nich, Eddy, dit is Peep-Show, aber sonst jut, mach weiter, eh!« hast Du ganz ergriffen dazwischengeflüstert.

Eddy hatte seine Faust schon geballt und agitpropte weiter: »In einer Zeit, als es noch nichts zu fressen und zu saufen gab« – jetzt kam er drohend auf uns zu – »habe ich an der Oberbaumbrücke meinen Mann gestanden!«

Du wieder: »... von allen Seiten von Panzern umzingelt!«

»... äh – nicht ganz«, hab ich, zwar beeindruckt, aber doch wahrheitsgemäß berichtet, »ich hab still in meinem Ampelhäuschen gesessen und 'ne Leberwurststulle gemampft.«

»Jawoll«, schrie Eddy, »während hinter meinem Rücken der aufgehetzte Mob lauerte, um mich beim geringsten Widerstand von der Brücke in die Spree zu schmeißen ...«

»Moment«, sag ich, »das haben die nur mit den Zolltanten gemacht, weil se den Mädels immer die Petticoats für 1,95 West auszogen ...«

»So isses!« Du wieder: »Meinen haben se mir ooch beschlagnahmt, rosa war der, diese widerlichen Weiben!«

Eddy bohrte jetzt seinen Zeigefinger in die Luft, sah wild um sich und kreischte mit sich überschlagender Stimme. »Und wo wart ihr an diesem Tag, Genossen? Wo? Hä?«

Eddys Frau riß die Tür auf: »Mein Gott, wo sollen wir denn sein, Mann? Ich bin in der Küche, die Kinder machen Schularbeiten!«

Eddy warf ihr einen vernichtenden Blick zu und sprach mit bebender Stimme: »Ich, als Frau, alleine, nur mit einem Blinkstab bewaffnet ...«, seine Frau zeigte ihrem Ollen einen Piep und verschwand, »... ich kann euch sagen, wo ihr wart, Genossen! Verkrochen hattet ihr euch, vor Schiß, daß die Arbeiter euch den Arsch aufreißen werden!«

Du hast Dich noch mal eingemengt: »Eddy, soll se statt Arbeiter nich lieber Klassengegner sagen?«

»Egal«, hat Eddy geschnauft, »wenn sowieso schon alles verloren ist, kann sie den Säcken auch ruhig die Wahrheit in die Fresse sagen!«

»Merk dir bloß allet!« hast Du mir auf der Nachhausefahrt eingebleut. »Dit mußte bringen, wie 'ne ›One-Women-Show‹, verstehste? Aber Eddy is 'n Ass, wa?«

Sie haben mich überhaupt nicht zu Wort kommen lassen, haben mich verhöhnt, verleumdet und sich für mich geschämt, mich als asoziales Element abgestempelt und rausgeschmissen!

Vierzehn Tage später habe ich Eddy noch mal getroffen. »Ja, ja«, hat er geknurrt, »gegen diese Hunde kommst du alleine nicht an.«

Du meine Herrn, war das ein häßlicher Kulturschuppen auf irgend so 'nem kleinen Dorf. Und darin sollte nun Dein Auftritt stattfinden?

»Macht nischt!« hast Du gegrinst, »morgen nehm ich dich dafür mit nach Las Vegas, Franky-Boy will mich unbedingt in seiner Show haben, doofe Nuß! Hallooooo! Is denn hier keener?«

Wir tasten uns durch einen dunklen Flur und landen in einem spärlich beleuchteten Saal.

»Dit hab ick mir jedacht!« hast Du gewettert, »die Bühne zwee Meter hoch und davor 'ne Tanzfläche, so groß wie 'n Fußballfeld. Da kann ick mir die Seele aus'm Halse rufen, es hört mich keine Sau! Na, ejal, ick jeh und mal mir 'n Ooge.«

»Wo ist denn deine Garderobe?« wollte ich wissen.

»Du kannst ja richtig ulkig sein«, hast Du mich gelobt. »Hier, bitte, gnä' Frau, la Beletage für Madame Ahnemann ...«, und bums, waren wir drin in einer widerlich stinkenden Abstellkammer. Ich war total verdattert.

»Frau Wichtig« von der Konzert- und Gastspieldirektion kam eilig angeschlürft: »Brauchen Sie noch 'n Scheinwerfer, Frau Hahnemann?«

»Logo!« haste gebrabbelt und Dich in Dein Chinaseidenes gezwängt. »Oder soll ick vielleicht ›Schwarzes Theater‹ machen? Hier, Gela, 'n Fünfer, trink erstmal 'n Schnaps, und denn laß die Zuschauer so nah wie möglich an die Bühne ranrücken.«

»Ist denn überhaupt schon jemand da?« hat die Konzert-

*»Die schwere Geburt« der Traudl Schulze –
Diplom-Raumpflegerin und Kodderschnauze Nr. 1*

tante fröhlich gewiehert und ihren Stammplatz an der Theke eingenommen. Vier Leute saßen an einem Tisch, und ganz in der Ecke noch ein Pärchen.

»Wat will se?« hat der eine Mann seine Frau verständnislos gefragt, als ich sie höflich darum bat, nach vorne zu kommen. »Kommt ja gar nicht in Frage«, zeterte die Frau. »Wat meinen Se, wie einem da vorne die laute Musik im Kopp dröhnt! Wer will denn dit überhaupt?«

»Frau Hahnemann hätte es gern.«

»Is dit die neue Jaststättenleiterin?«

»Nein, eine Unterhaltungskünstlerin.«

»Ach so, na ja, Hauptsache, sie stört uns nicht bei unsre Unterhaltung.«

Das Pärchen in der Ecke hat gleich abgewinkt, sie waren eigentlich nur da, um Plätze für den anschließenden Tanzabend freizuhalten. Letzten Endes habe ich mich dann in die Nähe der Bühne gesetzt, und wenn Deine Stimme ertönte »Und alle!«, dann krächzte ich heiser durch den Saal: *Wer schmeißt denn da mit Lehm?* Aber ein bißchen bekloppt kam ich mir schon vor!

»Du hast aber auch die amtlich beschissenste Vorstellung erwischt«, meintest Du auf der Nachhausefahrt, »aber du weeßt jetzt, wat du zu tun hast! Bevor ick inne Urne husche, will ick nochmal janz groß rauskommen, verstehste?«

Am nächsten Tag, gleich an Deiner Wohnungstür, ging's los: »Wie issen dein Mädchenname? Wie? Posemuckel?«

»Posemann!«

»Ach, ulkig! Nun nehmen wir von meinem Helga-Frieda noch die Frieda dazu und fertig ist Dein Pseudonym, jut, wat?«

»Irgendwie komisch.«

»Ach wat, Hauptsache, du kannst wieder ackern. So, nun hau Dich hin, Frieda, ick hab für uns 'n Arbeitsessen vorbereitet.«

Mann, war das eine herrliche Küche damals am Müggelseedamm: Groß – Jugendstil, lilienverzierte Kacheln, mit 'ner Leiter zur Mädchenkammer hoch über'm Hauseingang und supergemütlich. Na, und das Essen erst: Französische Zwiebelsuppe, Filetspitzen, zarte grüne Bohnen, Kartoffelbällchen, Vanille-Eis mit Pfirsichen, viel viel zu schade für einen Nicht-Gourmet wie mich. (Meine Mutter kannte nur einen Satz: Gegessen wird, wat die Kelle jibt!) Was mich aber stutzig machte: Es war nur für eine Person gedeckt.

»Äh, Dinner for one?« hab ich Dich gefragt.

»Nein, Diät! Ab heute!« Und hast mit Todesverachtung trockenen Quark runtergewürgt. (Was ich ja später auch in einem Lied mitverarbeitet habe.)

Was hab ich alles versucht?
Hab mit Diät mich gequält und jeden Bissen gezählt –
ich wollte zierlich und schlank sein.
Für mich war Torte tabu – ich aß nur trockenen Quark
und blieb trotz alledem stark –
ich wollte zierlich und schlank sein.

In Deiner schönen Küche hast Du mir auch Deinen berühmten Spagat vorgeführt, in riesigen Filzlatschen, 'n bissel wie Mickey-Mouse, aber alle Achtung! Dann ging es ratz-batz: Stapelweise Papier, Bonbons, Konfekt, Zigaretten – damals haben wir beide nämlich noch gequalmt wie die Schornsteine und das durfte man bei Dir nur in der Küche – und Dein Befehl: »So, los, nu schreib! Irgendwas aus'm Leben, zum Beispiel 'ne Reinemachefrau, wie die sich ihre Brötchen sauer verdienen muß. Alles klar?«

Hm, da saßen wir nun, alle paar Minuten kam von Dir: »Zeig mal, wie weit bist 'n?«

Einmal bin ich ausgerastet, weißte noch? Da hab ich – mit 'nem Riesen-Nougatstück in der Gusche – aufgemuckt: »Meinste, ich bin ein Ideen-Kacker? Man muß doch wenigstens mal nachdenken dürfen!«

Meine finstere Miene muß Dich damals beeindruckt haben, denn wenn sich später mal mein Gesicht bewölkte, machtest Du sofort: »Psst, Kinder, stört die Alte nicht. Se denkt!« Endlich, endlich »tickte« es bei mir hier oben, und der »Raumpflegerinnen-Rock 'n' Roll« war geboren:

»Ohne Teddy Ballermann fängt die Show erst gar nicht an.«
Henne parodiert einen drittklassigen Conferencier.

Früh um Viere, Wecker bimmelt, ick muß raus.
Kurz nach Fünfe ohne Frühstück aus 'm Haus.
Bahn nich pünktlich, Mensch, dit halte ick nich aus,
nu komm – nu komm, ick muß uff Arbeit ...

Wir waren beide richtig happy über unser erstes Machwerk, Du hattest auch gleich ein Kostüm für diese »Trude« – nein, »Trude« nich – »Traudchen«! »Traudchen« is doof, wenn schon, dann »Traudl«! O.k. »Krüger«? Nö? »Schulze«! »Traudl Schulze«! Und die hat so 'ne bunte Kittelschürze an und ist – Deine Nachbarin! Au ja! Ihr wohnt beide Durchreiche an Durchreiche, und wenn die Hahnemann Herzklopfen hat, muß »Traudl« Baldrian einnehmen.

Ich wollte grad einpacken, als Du mir neue weiße Blätter hinschobst: »Noch sind wir nich fertig, meine Taube, jetzt mußt du schnell noch 'n Ding für meine Kabarettgruppe im Kabelwerk ausbrüten. Da mach ich nämlich Regie.«

Auch das noch!

»Welches Thema?«

»Über das Klauen von Bestecken in der Betriebskantine.«

»Können doch nur Bekloppte klauen, diese vergammelten Blechdinger!«

»Sagst du! Fakt is, daß die Belegschaft ihre Suppe bald aus der hohlen Hand schlürfen muß.«

Also hab ich seufzend solche gräßlichen Szenen geschrieben wie:

»Mama, warum steht 'n uff unsre Jabel ›KWO‹ druff?«

»Frag nich so blöde, Maureen, dit sind die Genitalien von Deine Urgroßmutter!«

»Darf ich bitten?«

»Gern! (Ach du heiliger Bimbam! 'n Kopp größer als 'n Dackel!)«

»Ich liebe Tango! Sie auch?«

»Und wie! (Wär schön, wenn er 'n nu ooch tanzen könnte!)«

»Sie sitzen ja so alleine am Tisch?«

»Ja, was soll man machen? (Und uff so 'ne Dampfwalze wie Dich wart ick natürlich schon den janzen Abend!)«

»Äh, Ihr Allerwertester ist heute nich mit?«

»Wir leben getrennt! (Kaum een Been uff de Tanzfläche, da wird er schon intim!) Und Sie? Sind Sie verheiratet?«

»Noch, ja! Aber meine Frau ist sehr leidend!«

»Oh, tut mir leid. (Dis ham wir gerne! Die Frau liegt im Sterben, und der Olle macht hier ein auf Hully-Gully!)«

»Sie sind die einzige charmante Frau hier im Saal!«

»Finden Sie? (Bei der Stange Jeld, die ick für Kosmetik investiert habe, hätt ick mindestens 'n Belmondo verdient!)«

»Sie haben so etwas Natürliches und Frauliches an sich!«

»Uff so 'ne Dampfwalze wie Dich wart' ick natürlich schon den janzen Abend.«

»Ich bin auch sehr viel in der Natur! (Hat mir noch nich eenmal in't Jesichte gekiekt, nur uff'n Busen!)«

»Darf ich Sie nachher zu einem Glas Sekt einladen?«

»Aber nur eins! Wegen meiner Linie! (Der wird sich wundern, wat ick vertrage! Denkt wahrscheinlich, er kommt mit 'nem Zehner aus!)«

»Sind Sie eigentlich von hier? Ich meine, gleich in der Nähe?«

»Nein von außerhalb! (Dis könnte dem so passen: eenmal über 'n Damm stolpern und schon am Ziel!)«

»Ich könnte Sie ja nachher in meinem Wagen mitnehmen!«

»Das wäre ja reizend! (Landen tun wir denn natürlich uff 'n einsamen Waldweg, wo er mir denn seine Klappsitze vorführt.)«

»Ich hätte nämlich noch Appetit auf – einen Kaffee!«

»Können Sie denn danach schlafen? (Wenn ick mir den ohne Schlips und Kragen vorstelle, brrrr!)«

»Wollen wir aufbrechen? Ich gehe schon vor, ja?«

»Ja, gut! Wir kommen dann gleich hinterher! (Ha-ha, jetzt klappt ihm der Unterkiefer runter!)«

»Wir? Ich verstehe nicht! Haben Sie noch eine nette, kleine Freundin bei sich?«

»Nein! Keine Freundin! (Dis wär dir sympathisch, wat? Gleich zwee Weiber, die abwechselnd – Kaffee kochen!)«

»Aber, sagten Sie nicht, daß Sie unbemannt sind?«

»Oh ja! Das sagte ich! (Ick lerne ja leider immer nur so 'ne Vorstadt-Casanovas kennen!)«

»Ja, und auf wen warten wir dann noch?«

»Auf meinen Bruder, den Saxophonspieler! Wir beede suchen immer 'n Doofen, der uns nachts nach Strausberg rausjockelt!«

»Mist.«

»Irre, wie der ›Flamingo‹ bläst«, hast Du mir verzückt zugeraunt. Wir hockten beide in *Clärchens Ballhaus*, und der Saxophonist, ein langer mit Regenwurmfigur und Sturmtolle, kniff verheißungsvoll ein Auge zu, wie es sich gehört, wenn zwei ältliche »Damen-Wählerinnen« ihn anhimmelten, weil er Rotz und Wasser in seiner »Kanne« blubbern ließ. Nachher kam er mit wissendem Grinsen an unseren Tisch gestelzt und säuselte: »Haben die Damen noch einen besonderen Wunsch?«

»So isses!« hast Du ihn überrascht. »Setz dich! Wir müssen mit dir reden!«

Weg war sein Schmalz, seine Siegermiene, er plumpste wie ein nasser Sack auf einen Stuhl, steckte sich 'ne Lulle zwischen die zitternden Lippen und stöhnte: »Scheiße! Sonst spiel ick immer vierzig zu sechzig, ehrlich, heute dit erste Mal, ick schwöre, bloß weil die alten Schachteln nu mal uff diese ollen West-Kamellen stehen. Wat soll ick denn machen?«

»Uffhören zu spinnen, du Blödmann«, hast Du ihn angegrinst.

»Junge, ick biete dir die Chance deines Lebens: Du darfst in meiner Show ufftreten!«

Blitzartig kehrte der gefräßige Blick in seine Augen zurück, und scheinbar gelangweilt wollte er wissen: »Wat springt dabei raus?«

»Nischt!«

»Jar nischt?« fragte er kläglich.

»Doch. 'n bißchen, aber zuerst müssen wir mal 'n Programm uff de Beene stellen, kapierste?«

Hat er nie! Aber eines muß man sagen: Aus dem von liebeshungrigen Witwen mit Sekt und doppelt Ananas verwöhnten Bar-Musiker wurde allmählich ein verläßlicher musikalischer Partner, obwohl Du vor der ersten Show – das war im Theater am Fernsehturm – bleich wie ein Buttercreme-Schnittchen an der Clotür lehntest und stammeltest: »Gela, mir ist schlecht.«

Meine Aufgabe war jetzt, die Coole zu spielen: »Schlecht? Etwa wegen der paar Figuren im Saal? Deine *Fit-Parade* steht doch wie 'ne Eins, Menschenskind!«

Lüge! Ein ganz hinterlistiges Aas war ich! Der Künstler, der sich von mir 'ne Show schreiben ließ, mußte entweder lebensmüde oder geisteskrank sein. Wie konntest Du auch nur so vertrauensselig sein, Hennekin? Ich hab Dir dann wohl noch ein armseliges »toi-toi-toi« über die Schulter gespuckt und Dich mutterseelenalleine gelassen. Halb ohnmächtig bezog ich meinen Horchposten hinter der Bühne.

Wahnsinn Nummer eins: Die Show begann selbstverständlich mit dem Kehraus: »Das war's, meine Damen und Herren, kommen Sie gut nach Hause …« – schon das mußte unsere braven Bürger total irritieren. Todesmutig bist Du danach von der Bühne verschwunden und die Musiker fingen auch noch an zu maulen: »Mana mana, ich habe Hunger! Mana mana, und ich hab Durst …«

Dann Dein erneuter Auftritt: Glitzerkleid, knalleng, sexy, und die Band betete Dich hingerissen an: »Hallo, Helga – ach, du kommst selber?«

»Waw!« schrie ein einzelner Mensch im Publikum und klatschte wie ein Kaputter. O Gott, das war meiner. Mein Mann. Ich hatte ihm gedroht: »Was auch passiert, bei dem winzigsten Gag bewegst du deine riesigen Maurerkellen, klar?« Dann hab ich gebetet: »Herr im Himmel, verlaß das arme Mädel nicht, gib, daß der Funke überspringt.« Und er sprang! Er loderte, brachte das Publikum zum Sieden. Völlig enthemmt sah ich Dir zu und begriff: Das dort auf der Bühne, dieses Spiel bis zur Ekstase, das ist Dein Leben – und wird es immer sein!

In der Pause hast Du ein Glas Sekt runtergestürzt und locker verkündet: »So, Alte, jetzt rücken wir erstmal dem Rundfunk uff de Bude, danach kommt das Fernsehen dran, immer eins after dem anderen.«

»Gela«, hast Du kurz und bündig am Telefon gesagt, »häng dir deine Pretiosen um, wir haben morgen einen Termin beim Rundfunk.«

Überirdisch in Schale geschmissen, sind wir auch wirklich nett empfangen worden. Der Boß sah allerdings leidend aus, weil er, wie weiland Atlas, den gesamten Berliner Rundfunk-Apparat auf seinen müden Schultern durchschleppen mußte. Erschwerend kam noch hinzu: Einmal wöchentlich Skatabend mit einem geistig minderbemittelten Polizeipräsidenten. Auf dringende Anfragen, weshalb die Bürgerin Gentzmer nicht zu ihrer todkranken Mutter reisen dürfe, wußte dieser Experte sofort die Lösung: »Da führt kein Weg rein, die hat einen roten Strich!«

Dann: Tagelange Arbeitsessen in Suhler japanischen Lotter-Bädern mit irgendwelchen Jerewanischen Rundfunk-Analphabeten, die, wie peinlich, die »Exquisit-Geishas« für ganz gewöhnliche Nutten hielten. Und nun auch noch wir beide. Als eingefleischter Atheist schickte er einen langen Blick zur Studiodecke hoch und seufzte: »Unsre Hörer sollen in Gottes Namen am Sonnabend früh ihre Religion haben: Schlagermusik und Blödeleien. Laßt euch mal was Intelligentes einfallen!«

Du hast vorsichtig angetippt: »Darf Gela schreiben, was se will?«

»Selbstverständlich!« war der Chef richtig gekränkt. »Bloß – senden tun wir's natürlich nicht! Mädels, Ihr seid doch nicht auf den Kopf gefallen. Ihr wißt doch selber, was geht und was nicht, oder?«

Also nicht nur Zensur, sondern auch noch Selbst-Zensur! Schöner Mist!

Gehen ging nix, aber gemacht haben wir trotzdem vieles, was, Hennekin? Live is eben live, und gesagt ist gesagt, basta!

»Hier auf dem Kinderbild siehst du's: Meine Beene waren schon immer stramm!« Du zeigtest triumphierend auf ein Kinderbild von Dir: Ein liebes, rundes, erstaunlicherweise ernstes Gesichtchen, Riesenhaarschleife und – Donnerwetter, Beckenbauer hätte sicher seine helle Freude an Deinen kleinen Fußballwaden gehabt. »Von wegen, ick war früher 'n Jör mit verdammt dünne Beene!« (Hatte ich dummerweise in dem Titel: »Dit is lange her« behauptet, weil ich annahm, alle kleinen Mädchen hätten dünne Beine.)

»Und warum lachst du nicht auf dem Foto, wie jedes Kind?«

»Weil ick vorher grade Dresche jekriegt habe.«

»Oh, wie gemein!«

»Nee, nee, ick hatte schon immer 'n Dickschädel. Meine Schwester Lena (fünfzehn Jahre älter, glaub ich) hatte es

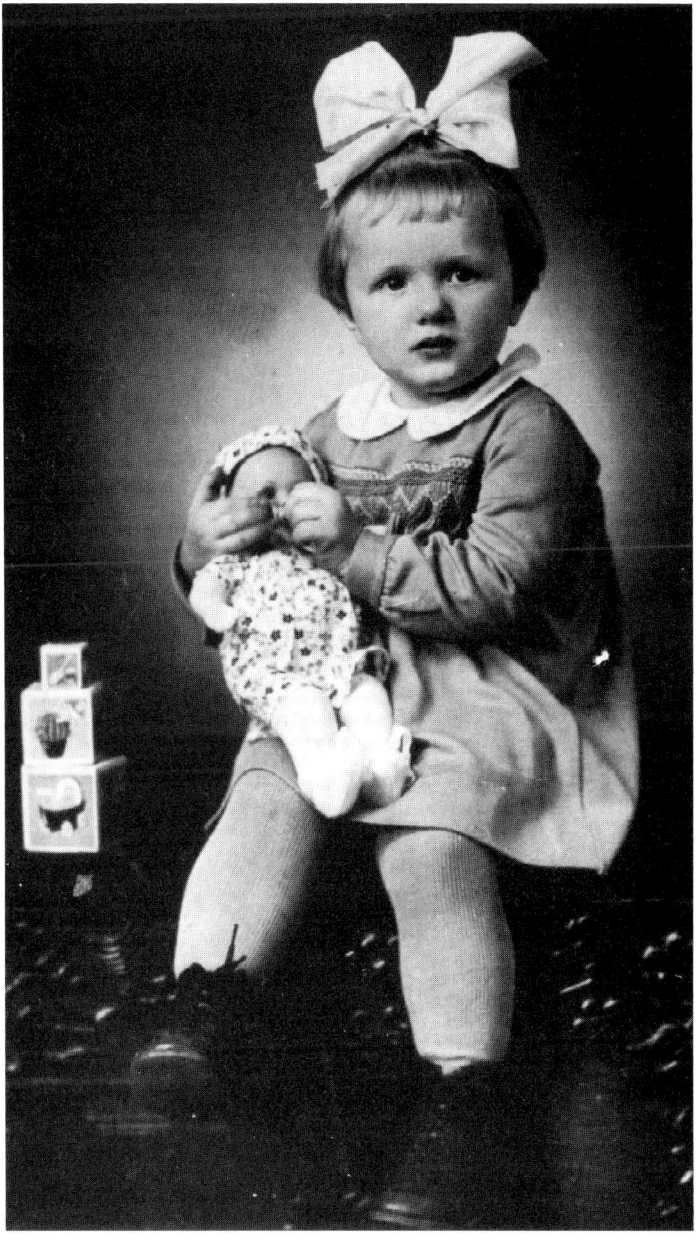

Klein-Helga – ernsthaft über ihre spätere Karriere als »Quatschmacher« grübelnd.

nicht leicht mit mir. Vor jedem Zahnarztbesuch mußte sie mir ein neues Spielzeug versprechen, sonst hätte ich mich geweigert. Diese entsetzliche Angst vorm Zahnarzt hat sich übrigens nie gelegt. Meiner braucht bloß irgendein Instrument anzufassen, dann kreische ick schon los. Neulich wollte der Doktor mich erst noch beruhigen, aber als ick wie ein Ochse weiterbrüllte, hat er die Zange fallenlassen und ist wortlos aus dem Behandlungszimmer gegangen. Zwanzig Minuten hat dieser Sadist mich da wie eine dumme Pute sitzen lassen, dann kam er wieder und kommandierte: ›Mund auf, aber 'n bißchen dalli!‹ Und siehe da: Vor soviel Frechheit is meine Gusche ganz von selber aufgeklappt.«

»Außer Lena hattest du doch aber noch 'ne Schwester, stimmt's?«

»Stimmt«, hast Du leise gesagt, »aber das ist eine traurige Geschichte: 1945 hatte sie sich vor den Russen im Keller versteckt, und immer, wenn die Luft rein war, kam sie natürlich wieder herausgekrochen. Plötzlich stand, wie aus dem Erdboden gewachsen, ein blutjunger russischer Soldat in unserer Wohnung und suchte wohl nach Partisanen. Meine Schwester machte sofort kehrt, stolperte die Kellertreppe runter, der Rotarmist hinterher, sah nur noch, wie sich etwas in einem Verschlag bewegte, und in furchtbarer Panik, daß der andre schneller sein und ihn zuerst umbringen würde, hat er mit seiner Kalaschnikow meine Schwester erschossen. Sie war gerade erst neunzehn. Die sowjetische Kommandantur hat den tragischen Vorfall sehr bedauert. Meine Schwester wurde in unserem Wohnzimmer aufgebahrt, und alle – Sieger und Besiegte – haben den sinnlosen Tod eines unschuldigen Mädchens beweint.«

Gerade will ich meine Fingernägel rot pinseln, als die Gartentür krachend ins Schloß fällt, hastige Schritte, Du! Ich bin platt. Jetzt? Drei Stunden vor der Premiere im Friedrichstadt-Palast? Protokollveranstaltung: Mißtrauen pur, jeder gegen jeden, bescheuerte Vergatterungen, verlogenes Gesaftel, Parteibonzen, die wie Trüffelschweine in harmlosen Spielbüchern herumschnüffeln, aber ich sehe, Du bist totenblaß! Meine paar grauen Zellen toben durcheinander und erklären mir dann klugscheißerisch: Es muß etwas passiert sein!

»Gela, ick kann einpacken«, kommt endlich von Dir, »mir wurde eben von ›janz oben‹ erklärt, daß der Staatsratsvorsitzende auf gar keinen Fall mein *Berlin-Lied* hören will. Damit is mein janzer Auftritt im Eimer.«

Wir schweigen uns beide an, aber in unseren Schädeln brummen Flugzeugmotoren. Du hast Deine Brille abgenommen und ich bin – wie jedesmal – fasziniert, wie verändert Dein Gesicht wirkt: jung, zerbrechlich. Dann fragst Du hilflos: »Wat soll ick nu machen, Gela?«

Ich sage vorsichtig: »Meinst du denn, daß der ›große Meister‹ dit Lied überhaupt kennt? Sein Repertoire wird sich doch wohl auf den *Kleinen Trompeter* beschränken, oder?«

Ganz langsam hast Du angefangen zu nicken, dann plötzlich heftig: »O.k., ich sing es!«

Aus heutiger Sicht würde man die damalige Situation als »lächerlich« abtun. Irgendeiner wollte irgendein Lied nicht hören, weil der Text irgendwelche Klos auf der halben Treppe und arschfrische Eier erwähnte, die eine Tante Emma in irgendeine Zeitung gewickelt hatte. Na und? Aber nein, nein, so einfach war die »Kiste« absolut nicht. Denn: Außentoiletten im sozialistischen Lager galten als schlimmste Verleumdung moderner Wohneinheiten, »Tante-Emma-Läden« als Rückkehr zu frühkapitalistischen Kramläden, und bei den »arschfrischen Eiern in Zeitungspapier« handelte es sich um eine Verhöhnung des Zentralorgans »Neues Deutschland«.

Nun stand natürlich mir, Gentzmer, frei, ein Klosett auf der Treppe chic und irre zu finden, und es verbot auch niemand einer Frau Hahnemann, die SED-Zeitung nur aus dem einen Grunde zu abonnieren, weil das Format sich als Auslegware für ihren Mülleimer bestens eignete. Aber diese Ungeheuerlichkeiten mittels einer »großen Schnauze« über die Medien zu verbreiten, galt als saftige Provokation.

Alle geladenen Premierengäste im Friedrichstadt-Palast hatten sich erhoben und zollten Erich mit »langanhaltendem

Beifall« stehend Ovationen. Nachdem uns die Pfoten bereits brannten, winkte er majestätisch ab und setzte sich mittenmang seine Bodyguards. Er konnte ja nicht ahnen, daß er trotzdem von seinem »Klassenfeind« nicht einen Moment aus den Augen gelassen wurde, nämlich von mir! Hennekin, Hennekin, hast Du nicht mein Zähneklappern gehört, als Du auf die Bühne kamst? Ich war unendlich traurig, daß ich so hilflos zusehen mußte, und auch wieder stolz auf Dich, daß man den Tumult in Dir äußerlich überhaupt nicht mehr wahrnahm. Jetzt mußte es kommen: Du würdest das streng Verbotene tun, man würde sich auf Dich stürzen und Dich abführen, anschließend mich überwältigen und aus dem Saal schleifen, wobei ich unentwegt heulend schreien würde: »Ihr Arschgeigen, was haben wir euch denn eigentlich getan? Laßt uns los, ihr Penner!«

Nichts dergleichen! Mit einem betörenden Augenaufschlag (Marlene Dietrich soll den schönsten der Welt gehabt haben, aber ich bin mir da nicht mehr so ganz sicher) hast Du Dich katzengleich an Honecker herangepirscht, bist vor ihm in die Hocke gegangen (daraufhin blutete meine Lippe) und hast ihm nach »Art des Hauses Hahnemann« arschfrische Eier in seiner Parteizeitung überreicht. Und was macht der Mann? Na, was schon! Er hat sich, wie jeder normale Opa, auf die Schenkel gehaun und meckernd gelacht. Tja! In Deiner Garderobe sind wir uns um den Hals gefallen, still, ohne zu jubeln. Schwer, der Beruf, uff!

Als Du Dir Deine erste Goldmedaille für Unterhaltungskunst an Land zogst, hatte ich keinen blassen Schimmer, daß Du Dich »auf eigene Faust« in dieses »Kampfgetümmel« geworfen hattest. Ich war total verblüfft, als mir jemand am Telefon ins Ohr schrie: »Gela, stell dir vor, wir ham 'ne Joldmedaille!«

Ich, spätgezündet wie immer: »Wer? Wofür?«

»Mensch, icke! Frieda! Und du! Posemuckel! Freuste dich nich?«

Nein, die Überrumpelung war zu groß, ehrlich. Seit Monaten lungerte ich vor sämtlichen Fernseh-Vorzimmern herum,

»Arschfrische Eier« nach »Art des Hauses Hahnemann« serviert.

versuchte – wie ein Hund den Knochen – die kleinste Beschäftigung aufzufangen, beneidete unendlich jeden Schlappehannes, der mit einer Filmbüchse über den Hof rannte, Bosse ließen sich verleugnen, Kollegen machten Riesenumwege, um nicht mit mir zusammen gesehen zu werden, und nun war dieses »asoziale Element« plötzlich an einer Goldmedaille beteiligt?

»Siehste, Gela«, hast Du später mutterwitzig gesagt, »jeht allet seinen Gang. Wir sind jut, uns können se nich mehr übersehn. Los, mach 'ne Pulle uff, wirst doch für dein Joldkind wohl noch 'n Täßchen Sekt übrig haben, wat?«

Zwei Jahre später hast Du den »Run auf die Medaillen« sogar schon moderiert. Natürlich wurde diese Schau zu einem einzigen großen Hahnemann-Special. Mit einem Schlag hattest Du die Kluft zwischen »Chorus-Line« und der gelangweilten Jury überbrückt, indem Du fröhlich-ungeniert hinter die Bühne blöktest: »He, kommt alle rin, Kinder!«

Wie eine Hammelherde trampelten nun sämtliche auf Anerkennung hoffende Schlagersternchen, Chöre und Artisten auf die Bühne, stellten sich verlegen und linkisch, sich gegenseitig auf die Füße latschend, auf. Ein Bild des Jammers.

Die Jury, sonst immer nur den »alten Stiebel« gewöhnt, weiß auch noch nicht so recht, aber Du sprichst wie eine Mutter auf ihre Kinderchen ein: »Na? Habta jekiekt, ob eure Verwandten und Bekannten im Saal sind, um dit jestrenge Gremium hier anzufeuern? Jut! Denn könnta jetzt erstmal wieder jehn, und verjeßt nich, vor euerm Ufftritt nochmal uffs ... na, ihr wißt schon. Ick hab jetzt nämlich noch 'ne Zeremonie abzuwickeln. Bitte mal den janzen Spot uff mir! Meine Damen und Herren, sehen Se jut hin, vor Ihnen steht ein ›ehemalijet Joldkind‹.«

Leise zischst Du einem Artisten, der mit einem roten Samtkissen und Deiner Medaille in der »Gasse« steht, zu: »Joldkind is dein Stichwort, du Eierbatz!«

Daraufhin stolpert der Dir mit dem Kissen entgegen, Du pustest den Staub von der vorher dick eingepuderten Medaille und sagst stolz: »So sieht se aus. Hab ick vor zwee

Jahre mühelos erkämpft. Heute hat se ’n Ehrenplatz bei mir zu Hause inne Kassette neben 2,50 Mark Valuta. Aber ick bin ja nu nich zu meine Verteidigung anjetreten, sondern zu meinem Vergnügen. Diesmal will ick hier nämlich für jede Menge Nachwuchs sorgen.«

Dann beschwörend zu der Jury:

»Sie glooben ja nich, wat sich hinter de Kulissen abspielt. In meine Samtweste ham se sich jekrallt und jestammelt, daß et sinnlos is, se anzusagen, weil se keinen Ton rauskriegen. Nu wollt ick ihnen nich noch mehr Angst einjagen und hab ihnen inne Hand vesprochen, daß Sie hier im Saal sowieso keene Ahnung haben. Also, ooch wenn dit nich stimmt, bitte lassen Se sich dit nich anmerken, nein?«

Über so viel Frechheit mußte die hochgeschulte Jury nun aber doch lachen. Aber es wurde ja noch viel schöner: Du setzt Dich an einen Flügel, massierst Deine Patschhändchen, spielst mit Leidenschaft, die über Dich herfällt, den *Flohwalzer* und schwärmst: »Wat ick immer unheimlich finde, wenn eener sich am Flügel selbst begleiten tut. Mir ham se als Kind dazu jezwungen, denn aber gleich wieder fallen lassen, als se mitkriegten, wat ick für ’n Radau uff dit Jeflügel veranstaltet habe. Nee, da is der junge Mann, den ick Ihnen hier präsentieren will, ’ne janze Biege besser, nämlich der Holger Biege. Komm rin, mein Kleener, kannst gleich weitermachen, ick hab allet schon warmjefahren – Bremse und Kupplung, allet o.k.«

Aber der Clou war Deine Ansage für Dagmar Gelbke, als Du mit ihren Steppschuhen rausgeklappert kamst und die »Fünfte« von Beethoven mit Deinem asynchronen Getrappel verschandeltest. Zwischen diesem ohrenbetäubenden Geknalle dann Deine oberschlaue Frage: »Raten Se mal, wat jetzt kommt?«

Natürlich die Gelbke als »barfüßige Gräfin«, und sie fährt Dich an: »’n mächtiges Donnerwetter, wenn du mir nicht augenblicklich meine Steppschuhe wiedergibst. Wenn du Pferd spielen willst, laß dir doch das nächste Mal Hufeisen unter die Sohlen knallen. Außerdem wird Beethoven sich im

Grabe umdrehen, so wie du auf ihm herumgetrampelt bist.«
Darauf Du, kleinlaut:
»Dit is mir ja ooch noch nich passiert, daß ick sprachlos und uff Strümpe vonne Bühne abjehen muß, und allet wegen dieser Dagmar Gelbke.«

Und weil Du unser Nachwuchs-Sternchen *Daggl* »unwahrscheinlich talentiert« gefunden hast, wurde Sie natürlich mir aufgehalst. Zwei Jahre lang war ich Mentorin dieser hochbegabten, total exaltierten »Leipziger Allerlei-Sängerin«, danach war ich reif für die Klapsmühle. Von Daggl eine Beschreibung zu geben, geht immer total daneben, weil sie selbst es auch ist. Statt Kindergartenkind selbstverständlich Wunderkind, trat sie schon mit Faltenröckchen und Akkordeon in Papas Kapelle auf, ist als Teenager bereits musikschulengeprüft, spricht vier Sprachen perfekt, und wenn man sie ohne Vorwarnung auf die Bühne schubsen würde, käme von ihr so »ganz aus dem Hut« ein toller Show-Block. Immer vorausgesetzt, sie hat gute Laune. Aber Du wolltest ja unbedingt mit ihr zusammen auftreten. Also schön. Das erste, was »unsere Daggl« dazu anschleppte, war ein junger, schwarzhaariger bulgarischer Geiger: Kyrill oder Kiki, wie Du ihn sofort getauft hast. Dagmar wollte den Jungen aber nicht direkt geigen lassen, sondern lieber heiraten. Kiki war es recht, er drehte seinen Lapis-Lazuli am kleinen Finger hin und her, sah Daggl mit seinem Schlafzimmerblick an und verkündete gebrochen: »Ich hab ein Villa.«
Dagmar übersetzte: »So 'ne Art Tonne bei seinen Eltern im Garten.«
Nun wurde aber erstmal geheiratet. In Sofia. Kiki befand sich ausgerechnet am Hochzeitstermin in Ungarn, seine Schwiegermutter in der Tschechei, und die Dagmar trampte schon mal los nach Bulgarien, um ihren Bräutigam dort zu empfangen. Nun, sie hatte mächtig viel Zeit, denn während sie sich auf dem Markt den Hochzeitsstrauß binden ließ, holte Kiki die Schwiegermama mit seiner alten Klapperkiste in Karlsbad ab und machte sich auf den Weg über Ungarn, Jugoslawien nach – nun ja – meistens »nach Werkstatt, weil

Auto kaputt« oder »auf Polizei, weil Mama kein Visa«. Als beide nach achtundvierzigstündiger Fahrt total zermatscht in Sofia einschlichen, konnte Kiki nur noch mit letzter Kraft »Ja« stammeln, fiel um und in Tiefschlaf. Noch halbtot wurde er von Daggl freundlich geweckt, weil es höchste Zeit war, sich wieder auf den Weg nach Budapest zu machen, um – nun als »Frischgebackener« – mittels Geige Brötchen zu verdienen. Die Hochzeitsnacht fand dann mit der erschöpft schnarchenden Mama statt. Als sie halbwegs wieder zu sich kam, sind beide in die Flitterwochen ans Schwarze Meer gefahren. Da stand diese sächsische Mama vor der Brandung, zuckte mit den Schultern und meinte geringschätzig: »Nu ja, das is nu 's Mär.«

Das nächste, was Dagmar sich für ihre Karriere einfallen ließ, war ein Kind. Süß. Wir fanden den Namen »Paula« schön. Dagmar auch. Kiki auch. Keine vier Wochen später kam Daggl mit dem Baby zu Besuch. Du hattest sie zuerst entdeckt: »Sag mal, wat schleppt denn Dagmar da in dem Autositz mit? Etwa die Kleene?«

»Nu glor, ich muß se euch doch mal zeigen.«

Und wie »Tanten« so sind, haben wir unsere Brocken an Babysprache zusammengesammelt und das Kind erschreckt: »Ei dududu, wo bit du denn? Wie lacht denn das Tind?«

Daggl war durch Paula hübscher geworden und stolzer, hatte aber, wie immer, nicht alle Nuckelflaschen beisammen, deshalb scheuchte sie uns los: »Habt ihr mal 'n bissel Babynahrung da? Und Creme?«

Wir haben also alles, was irgendwie an Kleinkind erinnert, aufgetrieben und der jungen Mutter Hilfestellung geleistet. Das Kind war satt, und Dagmar begann mit der Trockenlegung. Das hätte sie vor Deinen kritischen Augen auf keinen Fall tun dürfen. »Na sag mal, wie würgst du denn dem armen Wurm die Windel um? Sieht ja aus wie 'n oller Scheuerlappen!«

»Tja«, hat Daggl mütterlich gelacht, »damit muß de Baula äben läben, ich bin Günstlerin!«

»Doof biste!« hast Du gemeckert, ihr das kleine Bündel weggenommen, ausgepackt und – wir haben »Bauklötzer«

gestaunt – das Baby eins-zwei-drei mit geschickten Händen mustergültig gewindelt.

»Woher kannst du denn das?« wollte ich wissen.

»Wat meinste, wieviel Kinder ick in meinem Leben schon jewickelt habe, alle von Kolleginnen, manchmal sojar zwee oder drei gleichzeitig.«

In Dagmars Augen war zu lesen: »Also das gann se ooch noch.«

Inzwischen hatte ich euch ein Duett geschrieben:

»Sie ist zu mollig« –
»sie viel zu dünn!«
»Zu kleine Nase« –
»zu langes Kinn ...«

Henne und Dagmar Gelbke in »Helgas Topp-Musike«-Show

Und eine Szene, in der sich zwei Verkäuferinnen auf dem Ladentisch rumlümmeln, sich einen Dreck um die Kundschaft scheren und sie ab und zu anranzen:

»Wat is, Oma? Wieviel der Käse kostet? Steht doch druff. Wenn Se nich lesen können, müssen Se 'ne Brille tragen. Oma, Oma, wie kann man denn in ihrem Alter noch so eitel sein?«

»Hier loofen so viel junge Leude rum, gönnde ihr da nich einer mal was vorlesen?«

»Ach die! Siehste, jetzt fällt se ooch noch um. Halten Se sich ant Kuchenregal feste, Oma! Aber nich de Schrippen mit de Hände anfassen, wegen de Hygiene.«

Die Proben mit Dagmar glichen dem Prolog in der Bibel: »Am Anfang war das Chaos!« Verzückt sächsische Laute ausstoßend, brach die Künstlerin gutgelaunt in den Probenraum ein. Welch ein Täuschungsmanöver. Spätestens dreißig Minuten später war der Band-Leader dem Irrsinn nahe. Dagmar stampfte auf der Bühne umher wie Rumpelstilzchen, heulte wasserfallgleich Tränen bis auf die Erde, und selbst alte Hasen unter den Musikern, die sich normalerweise kaum noch umdrehen, wenn der Drummer mitsamt seiner »Schießbude« voll mang die Leute fällt (sie nehmen ihm höchstens die Hände aus den Hosentaschen, damit es nach Arbeitsunfall aussieht), hegten ernsthaft den Wunsch, lieber tot zu sein, als mit dieser »hysterischen Zicke« weiterzuprobieren. Wie ungezogen von den Jungs, denn schon fiel Daggl ihnen strahlend wie eine junge Göttin um den Hals, herzte und küßte sie, legte feierlich die Hand an den Busen und beteuerte: »Ich liebe diese Band. Ihr seid einfach Traum-Musiker!«

Fünf Jahre lang bist Du mit diesem eigenwilligen Mädel durch die Lande gezogen, in den Zeitungen hielt man euch sogar schon für Mutter und Tochter, bis Daggl sich wieder mal »krisengeschüttelt verwirklichen« wollte!

Neulich trudelte eine Karte von ihr ein:

»Ich trete manchmal noch auf, arbeite aber sonst sehr fleißig in einem Büro. Zu mehr scheine ich nicht geschaffen zu sein.

Eure Daggl«

»Ick trenn mich von Thieme!«

Wie Du das sagst! Als hättest Du gerade beschlossen, Deinen 175.000-kilometerständigen VW zu verkaufen. Natürlich möchte ich Dich nach dem Grund Deines – wie ich finde – plötzlichen Entschlusses fragen, aber Du greifst schon nach dem Manuskript, schiebst Deine Brille hoch, sagst wie nebenbei: »In aller Freundschaft natürlich.«

Es ist beschlossene Sache, das sehe ich Dir an, aber warum bloß? Menschenskind, wir waren doch neulich erst mit Ralf auf der Trabrennbahn Karlshorst, haben da rumgeblödelt,

»Wenn der Dings mich nich wegjedrängelt hätte, wär ick Sieger jeworden. So war ick bloß Vorletzte!«
Promi-Rennen auf der Trabrennbahn Karlshorst

blind auf irgendein Pferd gesetzt, weil der Name »Unwetter« uns gefiel, und aus Versehen sogar zehn Mark gewonnen, obwohl der Sulky-Fahrer dick wie Bud Spencer war. Anschließend schwangen wir uns auf die dreckigen Hocker der vergammelten Bar, schlürften billigen Schaumwein mit Strohhalmen und beobachteten die »Rennbahn-Luden« beim Suchen von »Stallwetten«, die eventuelle Doofmänner als Nieten weggefeuert hatten.

Oder damals, wir zwei hatten so 'n richtiges Tief bei unseren »Schöpfungen«, hingen wie ausgequetschte Zitronen im Sessel und wußten ums Verrecken nicht, aus welchem Grunde der »olle Hugo Schulze« seine Frau mitten in einer TV-Show überfallen sollte. Kommt Thieme die Hintertreppe hoch und sagt, als wäre es das Selbstverständlichste von der Welt: »Weil's Neune is, und Hugo sein Abendbrot will!« Ja, ja, »das Einfache, das so schwer zu machen ist«, hat ein kluger Mensch mal gesagt. Thieme muß ihn gut gekannt haben.

Die Gründe für die Trennung mußten also tiefer liegen. Lagen sie auch. Mit Karriere hatte das was zu tun oder einfach nur damit, daß es offensichtlich die Kraft jedes Mannes übersteigt, auszuhalten, daß seine »liebe Hausfrau« von einer Woge des Erfolgs getragen wird, während er vom Ufer aus zuguckt. Dabei kann er auch schwimmen. Gut sogar. Aber niemand nimmt Notiz davon.

Mein Gott, mir ging es doch gewissermaßen ähnlich, wie oft habe ich bittere Tränen in meinen Marmorkuchen geheult, nur, ich konnte mich hinter der Bühne überall verstekken. Bei Dir ging das nicht. Du mußtest strahlen, egal, wie tief verletzt Du warst.

Nach jeder Fernseh-Premiere, von begeisterten Zuschauern mit Blumen überschüttet, geliebt, verehrt, bewundert, hast Du erwartungsvoll Deine Wohnungstür aufgeschlossen. »Und denn kam Thieme entweder langsam angeschlurft oder saß oben in seinem Arbeitszimmer, und ick mußte hochrufen: ›Na, mein Süßer, haste's jesehn? Wie war's?‹ – ›Na ja‹, meinta, seinen Kopp wiegend, ›die erste Viertelstunde ging ja noch, aber wat danach kam, finster!‹ Weeßte, wie weh sowat tut, Gela? Ick meine, wenn 'n Kritiker mich inner Luft zerreißt, dit jeht mir sowat von am Arsch vorbei, ick weeß ja, daß wir nich immer dit Nonplusultra machen, aber wenn eener, den man jerne hat, sowat Vernichtendet von sich jibt ... Wie so 'n kranket Tier verkrieche ick mich denn jedetmal in meine Ecke mit 'ner Pulle Wein und höre stundenlang Blues-Platten.«

Du siehst mich ruhig an: »Ick kann nich mehr, Gela.«

Helfen konnte Dir niemand, auch ich nicht, nur zuhören, was ja manchmal auch schon ein Trost sein kann, und ich habe Deine Krise in einem Deiner Lieder beschrieben:

Kein Mensch mehr da, der morgens dit Klo blockiert.
Keiner mit Drei-Tage-Bart, der inne Zeitung stiert.
Kein Drama mehr wegen dem Frühstücks-Ei.
Ick muß auch nich gleich nach Hause –
bin immer frei.
Und – daß ick so laut lache
und so aufjekratzt bin,
dit is, weil ick janz neu beginn.
Wenn da bloß nich so 'n blöder Kloß im Hals wär
so 'n Würgen, dit is direkt unfair.
Als wenn einer mir grade den »Hahn« zudreht
und jetzt mein Leben ohne Dich nich weiterjeht.
Ick hab Angst! So Angst!
Ach – wird schon jehn!

»Windy, Fuß!« kommandierst Du lauthals. Windy, unser junger Boxer-Rüde, denkt gar nicht daran, springt, mit seinem Stummelschwanz wedelnd, an Dir hoch, reißt Fäden aus Deinem Pulli, macht Deinen weißen Rock zum Putzlappen, sabbert Dich voll, holt einen Knüppel, läßt ihn auf Dein Hühnerauge fallen und sieht Dich erwartungsvoll an.

»Der muß erzogen werden, sonst macht er mit euch, wat er will«, stellst Du sehr richtig fest.

»Schwierig bei einem Boxer«, wage ich einzuwenden, »der

hat Charakter, wird sich nie völlig unterwerfen wie zum Beispiel ein Schäferhund.«

Windy hat aufmerksam zugehört, als wenn er sagen wollte: »Wat soll ick? Erzogen werden? Etwa von euch zwee Tussis?«

»Der sieht tatsächlich aus wie 'n Mensch«, vergleichst Du den Köter und mich.

»Die merkt aber ooch allet«, knurrt Windy und pinkelt auf unsere neue Konifere.

»Nimm mal 'ne Zeitung«, schlage ich eifrig vor.

»Ejal welche?«

»Klar, der soll sie ja nicht lesen.«

Du suchst die »Berliner«, wir haben nur die »Berliner«, bist ratlos: »Und nu?«

»Jetzt klatschst Du damit auf Deinen Arm. Wenn er das Geräusch hört, kriegt er Angst.«

»Ehrlich? Vor so 'nem harmlosen Blatt?«

Windy wird langsam mißtrauisch, den Menschenweibern ist offensichtlich sogar die Prügelstrafe zuzutrauen. Und richtig! Schon knallst Du wild mit der Zeitung herum und schreist: »Windy, Fuß!«

Geschafft von soviel Beklopptheit, wendet dieser langsam sein Hinterteil und nimmt sich den nächsten zarten Baum vor.

»He!« wunderst Du Dich, »der kann ja noch nich mal 'n Been heben.«

»Weil er noch zu jung ist, das macht er später erst.«

»Ach, und wer bringt ihm dit bei? Muß ihm doch eener zeigen, 'n Kind setzt man ja ooch uff 'n Topp.«

Du rennst durch den Garten, wählst unseren blühenden Birnbaum aus, läßt Dich auf alle viere nieder, hebst zierlich ein hellbestrumpftes Beinchen und rufst: »Paß uff, Windy, so macht man dit: Drei hoch eins, kapierste?«

Meine Nachbarin eilt, sich unaufhörlich bekreuzigend, am Zaun vorbei, Windy kommt neugierig näher, es geht über seinen Hundeverstand, daß selbst die größten Künstler die »dümmlichsten Klamotten« spielen. Aber egal, es macht ihm Spaß, genau wie meiner linken Nachbarfamilie, die fünf

Mann hoch, hinter Büschen verschanzt, wispern: »Die Hahnemann, nu isse vollends übergeschnappt!«

Ich muß lachen: »Gib's auf, Henne, das klappt nie.«

Nun ist Windy eingeschnappt: »Für wie doof hält Frauchen eigentlich einen Rassehund, hä?«

Wie »Rambo«, ein bißchen über »den Onkel latschend«, kommt er an, baut sich vor uns auf, hebt, zwar noch etwas unsicher, ein Bein und – »Na, ja, braucht jar nich so zu kieken, ihr zwee.«

Abends kommt mein Mann, staunt: »Haste jesehn? Windy kann ja schon richtig.« Ich, wie immer allwissend: »Schon lange, Henne hat es ihm beigebracht.«

Ein paar Monate später klingelt's in aller Herrgottsfrühe: Du, im Trainingsanzug, eine Zeitung vorschriftsmäßig gegen Dein Schienbein klatschend: »Gela, ick hab mich sachkundig jemacht: Jetzt weiß ick, wie man einem Hund dit Hochhopsen an Menschen abjewöhnt.«

Gespannt wie'n Flitzbogen spurten Windy – jetzt schon wie »Rambo III« – und ich herbei, der Köter, wahrscheinlich aus Dankbarkeit für den »Pinkel-Intensiv-Kurs«, reißt Dir einen Ärmel aus, legt seine Pfote auf Deine Schultern … »und jetzt Achtung, Gela, nun erlebste, wie der dit gleich sein lassen wird.«

Mit schnell-gezielten Schritten versuchst Du, Windy auf seine Hinterpfoten zu treten, um ihn davon abzubringen, Dich zu umarmen und abzulabbern. Nur: Windy ist schneller! So sehr Du Dich auch bemühst, Du trittst immer ins Leere. Verbissen kämpfst Du weiter – und batsch und batsch –, es sieht aus, als würdet Ihr zwei den *Tango Jalousie* tanzen, ich breche vor Lachen fast zusammen. Du entwindest Dich ihm und meckerst: »Na ja, wenn de so albern bist, denkta natürlich, ick spiel mit ihm ›Rainer und Christina‹ (ehemaliges Solo-Tanzpaar vom Friedrichstadt-Palast).« Windy mag Dich! Wie verrückt sogar! Er nimmt Anlauf und schmeißt Dich wie einen Sack Kartoffeln liebevoll mang die Hortensien.

Ich schleiche mich wie ein Sioux in meinen Wigwam und koche erst mal einen starken Kaffee. Ganz verträumt hast

Du ausgesehen, als Du später aus dem Busch gekrochen bist und Dir wünschtest: »Mann, hätt ick jerne so ’nen Hund. Aber jeht ja leider nich. Ich bin doch wie Frau ›Striese‹ andauernd unterwegs.«

»Zeig mal, hat er Dich gekratzt?«

Wir versuchen mit allen möglichen Tricks, aus Dir wieder einen »Menschen mit reiner Weste« zu machen.

»Ach wo«, winkst Du ab, »ick hab doch noch mein dicket Fell drunter.«

Manchmal, wenn Du ganz abrupt bei mir zu Hause aufstandest und gähntest: »So, jetzt hau ick ab uff meine Hacienda, Mauzer und Pitti warten …« – dann wurde mir richtig mulmig. Ich sah Dich Deine Haustür aufschließen, keiner da, niemand, der Dich empfängt, küßt, liebhat oder meinetwegen wenigstens meckert, zum Donnerwetter! »Ick besorg dir jetzt einen Mann«, hab ich gesagt, »kann ja keiner mit ansehen, wie du in deiner Hütte mutterseelenallein haust.«

Aber Du hast – und das hast Du ernst gemeint – lächelnd gesagt: »Nee, Gela, will ich nicht! Ehrlich! Sieh mal, du hast Familie, alles prima, aber du bist doch auch mächtig gebunden, oder? Wenn ick nich alleine sein will, lade ick mir eben Besuch ein, Mensch, ick hab so viele Freunde, die alle jerne kommen, und wenn ick mich wieder einigeln will, sag ick: Haut ab, Kinder, ick brauch meine Ruhe. Mit meinem Jeld kann ick auch machen, wat ick will, und wenn ick mich mal wieder verkooft habe, schmeiß ick den Fummel halt inne Ecke. Kannst du dit ooch, hm?«

Ich nun grade! Wegen einer blöden, teuren Toilettenbrille – »Designer-Brille!« hat mein Alter höhnisch geschrien – wäre es bei uns fast zur Scheidung gekommen.

Ich seh Dich noch wie heute vor mir stehen, unten am Treppenabsatz, dadurch sahst Du richtig klein und irgendwie kindlich aus, bist wie ein Schulmädchen rot geworden und hast leise gesagt: »Der Mann, der für mich in Frage kommen würde, muß groß sein, blond und jung. Alt bin ick selber! Aber wat viel wichtiger is: Er muß sich ganz doll in mich verlieben.«

Das hättest Du vielleicht nicht sagen dürfen, denn ab sofort stürzte ich mich wie ein Mäuse-Bussard auf jeden »Robert-Redford-Verschnitt« und fing an, die Machos wie Kartoffeln auszusortieren: Verheiratet, nicht verheiratet, noch verheiratet, geschieden. Hennekin, Du kannst Dir nicht vorstellen, wie viele Blödmänner es unter den »großen Blonden« gibt. Aber dann hatte ich plötzlich einen Super-Typen. Bei einer Premierenfeier hatte ich bemerkt, wie Deine Augen strahlten, wenn dieser wirklich bildschöne Mann Dich ansah. Und als er dann auch noch Dein Gesicht in beide Hände nahm und unter dem Beifall der Kollegen hingebungsvoll küßte, da stand für mich fest: Den klopp ich jetzt weich und schlepp ihn vor den Traualtar. Nachdem ich mir vier Wodka eingedreht hatte, bin ich hin zu ihm und hab erst mal so ganz allgemein von Dir geschwärmt: Guter Charakter, warmherzig, großzügig, kinderlieb, und zu allem hat er jedesmal meinen Lobgesang untermauert: »Jawoll! Kannste laut sagen! So ein Kumpel, dit Mädel. Und keinen Flitz in der Birne, obwohl se schon 'n richtiger Star is! Warum die keenen Mann hat, ist mir schleierhaft.«

»Ja«, hab ich aufgetrumpft, »sie nimmt ja nun auch nicht jeden Dödel, gell? Außerdem hat sie auch schon einen fest ins Auge gefaßt.«

»Wirklich?« fiel er aus allen Wolken, und ich bin innerlich rumgehüpft: Der ist ja richtig eifersüchtig, der Goldjunge! Ich also, bauernschlau: »Auch 'n Musiker. Wie du.«

»Ach nee.«

Aufs höchste erstaunt, musterte er seine trinkfesten Musikerkollegen, etwa so, wie der Gärtner sein Mistbeet. Dann meinte er ungläubig: »Kann ick mir nich vorstellen. Ne Klassefrau wie Helga würde sich doch nie mit so 'ne verlauste Querflöte einlassen.«

Herrgott, der machte es einem aber auch schwer. Musiker! Von Soundchecks, Jingles, Fade-outs verstehen sie was, aber von Liebe? »Du bist ihr Traummann, du Traumtänzer!«

Ein ungläubiges: »Wie? Ick?«

»Jaaa!« Langsam verstehe ich's auch schon nicht mehr, so begriffsstutzig wie der ist.

»Was sagst ’n dazu, hm?«

Na, wenigstens lächelt er. Irrsinnig geschmeichelt natürlich. Mein Werk! Jetzt muß ich aber auch mal gelobt werden. In meinem 1,8 Promille-Kopf läuten schon die Hochzeitsglocken, beide Ballette, vom Friedrichstadt-Palast und vom Fernsehen, stehen vor der Kirche Spalier, mit Federn auf dem Kopf und am Popo, »Silly« spielt *Bataillon d’amour*, Glückwunschtelegramme trudeln ein von Minelli, Sinatra … Moment, was hat er eben gesagt? Nein, nicht Sinatra, er hier!

»Eine tolle Sache wäre das?«

»Sag ich doch die ganze Zeit! Aber? Du heiratest in vier Wochen? Ach, sieh an! Nö, ich will nicht wissen, wen. Deine Sache, nicht? Äh, ja. Tschüß, war nett, mit dir zu plau … hallo, Henne, da bin ich wieder.«

O weh, dieses Glitzern in Deinen Augen kenne ich, als Du mir leise ins Ohr zischst: »Iiiih, bist du doof!«

Durch Zufall habe ich neulich im Hotel *Berolina* Ernest getroffen. Doch nicht Hemingway, »Erny«, wie sie ihn alle nennen. Kennst Du nicht? Er Dich aber. Er ist der Onkel der Schwägerin von Manne. Siehst Du jetzt durch? Gut. Jedenfalls fragt Erny mich: »Du schreibst ein Buch über die Hahnemann?«

»Tu ich.«

»Hast du auch erwähnt, daß sie früher im *Esterhazy-Keller* nachts wie eine Verrückte rumgegrölt hat?«

»Ach Gottchen, Erny, nee, hab ich nicht. Aber du bist ja wohl auch kein Kind von Traurigkeit, oder?«

Da lacht der olle Erny, er weiß ja, daß er in Berlins Kneipen bekannt ist wie ein bunter Hund.

Hör mal, Hennekin, war das etwa dieses Etablissement, in das Du abends rein bist, Dir einen Mann ausgeguckt hast und mit ihm dann … ach, das war da? Und die Sache mit dem Stasi-Werber, auch da? »Paß uff, dit war so«, hast Du mir erzählt. »Irgendeener von den ›Schrippenbeutel-Typen‹ muß mich schon länger beobachtet haben bei meinen ›Jugendvorstellungen‹, und eines Tages hatta sich an mich ranjemacht und wollte mich partout für ’n *Konsum* werben:

Weil ick doch so 'n aufjeschlossener Mensch bin, sicher auch Verbindungen zu interessanten Leuten habe, wo ick nur mal 'n bißchen ›horchen und kucken‹ müßte, und dit selbstverständlich für 'ne anjemessene Gage. Ick war total jeschockt, schließlich war ick zum Tanzen und Knutschen jekommen und nich, um ›Special-Agent‹ zu werden. Als der Mann mir denn noch drohte, daß ick mit keinem darüber reden dürfe, auch nich mit meinen engsten Verwandten, wußt ick, daß meine Lage janz schön beschissen war. Wat nu? In vierzehn Tagen wollte der wieder uffkreuzen und ick hatte dit kodderige Jefühl, daß ick diesen ›Einkäufer‹ nie mehr loswerden würde. Aber denn hatt ick 'ne Idee, manchmal hab ick ja ooch 'n paar, mußte zujeben, Gela: Ick bin zum Fernsehen rausjefahren, hab mich wie so 'ne ›Lebensmüde‹ inne Kantine jesetzt und mit Grabesstimme 'n Doppelten bestellt. Karli, der Kellner, wurde blaß, noch nie hatte der mich dit Casino anders betreten jesehn, als daß hinter mir die Tür aus 'n Angeln fiel oder 'n Glas splitterte, und nun dieset Häufchen Unglück hier. ›Ick hab gleich 'n Dreistöckigen jebracht‹, meinta und schob mir dit Eimerchen hin. Wie eine zur FDGB-Kassiererin Verurteilte hab ick den Schnaps hintergekippt, während er mir wie unser Boxer Windy mit tieftraurigen Hängebacken zusah. ›Noch eenen!‹ hab ick hervorjewürgt, denn jetzt kam schon die Heul-Arie dran, und kaum noch hörbar: ›Haste mal 'n Taschentuch?‹ – ›Mädelchen, wat is denn bloß los?‹ Mitleidig pumpta mir seine Serviette – ›ham se Dich aus'm Fernsehspiel rausjeschmissen?‹ – ›Viel, viel schlimmer! Die Stasi hat mich beim Wikkel!‹ – ›Mach keenen Mist!‹ Nu läßt er sich seine Serviette wiederjeben und wischt sich die dicken Schweißtroppen ab. ›Doch!‹ nicke ick gramvoll, ›aber dit darf niemand erfahren, weil et streng jeheim is, verstehste?‹ – ›Bleib janz ruhig, so'ne Schicksalsschläge kannste nur mit Alkohol bekämpfen, ick hab da Erfahrung!‹ Er rennt wie ein geölter Blitz anne Theke und säuft auf den Schreck erstmal selber 'n paar. Seine Kollegin am Tresen, die die janze Zeit schon wie ›uff Kohlen‹ Bier jezappt hat, will jetzt endlich von ihm wissen: ›Wat hör ick da von Stasi?‹ – ›Pssst, bist Du blöde, hier so laut zu schreien‹, hält Karli ihr den Mund zu, ›willste se noch mehr in Deubels Küche bringen? Dit is streng jeheim, Mensch!‹ Als er mir dit dritte Wasserglas voll bringt, umhalsen mich schon mehrere Kollegen und Kolleginnen, Taschentücher zückend und Händchen streichelnd, und icke, Rotzblasen heulend: ›Kinder, versucht bitte nich, rauszukriegen, weshalb se't grade uff mich abjesehn haben, ick darf euch nischt sagen, kapiert ihr denn nich?‹ Karli plinkert ihnen mit seinen Oogen zu, bückt sich hinter meinen Buckel und raunt hinter vorjehaltener Hand: ›Ick sage bloß: Stasi! Aber streng geheim, verstanden?‹ Er legt seinen Finger auf'n Mund, alle sind verständnisvoll, schwören sojar, beugen sich, während ick immer mehr salzige Tränen in sämtliche Gläser heule, zu den Nachbartischen rüber und wispern: ›Die Stasi will sich Henne einverleiben, aber nich weitersagen!‹ Auch die Zapferin erfüllt ihren Geheimauftrag flüsternd: ›Die Kleene dahinten an dem Tisch soll für de Stasi spionieren.‹

Sojar als ick spätnachts zum Tor rauswankte, hör ick noch, wie die Pförtner hinter mir hernuschelten: ›Nach die kleene Portion da soll die Stasi jiepern?‹ – ›Ja, aber halt die Backen, Junge, dit dürft se nich mal ihre eigene Mutter verraten.‹«

»Und? Hat der Stasifritze sich nochmal bei dir blicken lassen?«

»Bei mir nich!« hast Du gelacht. »Kennst doch unsern Adlershofer ›Buschfunk‹, dit war so schnell rum, daß Mielke den Flop mit der Quasselstrippe Hahnemann sicher schon am nächsten Morjen neben seinem Frühstücksei liegen hatte.«

Alles, was Du gut leiden konntest, war immer »Deins«. Wie heute hör ich Dich sagen: »Mein Ballett – mein Friedrichstadt-Palast – mein Strucki (Direktor vom Palast) – meine Maske – mein Rolfi (Rolf Herricht).« Mit »Deinem Rolfi« bist Du eines Tages bei mir aufgekreuzt: »Gela, kannste nich mal für uns beede wat schreiben?«

Konnte ich. Ihr zwei als »Halbstarke«, als »Gast und schlampige Kellnerin« und als »Traudl und Hugo«.

»Ich bin ja erstaunt«, so Rolfi, »wenn man den ›Wein‹ ein bißchen abläßt, sind die Szenen ganz brauchbar.«

»Dein Strucki« fand das auch, und der hatte »'ne Nase für das, was ankommt und was nicht«.

Die Vorstellungen liefen glänzend, nur kurz vor dem Finale passierte jeden Abend etwas Ungewöhnliches. Ich wußte erst gar nicht, was Sache ist, saß wieder mal irgendwo dumm rum, als plötzlich eine Bewegung hinter der Bühne entstand. Bühnenhandwerker, Beleuchter, Tänzerinnen, Tänzer, alles strömte in die Seitengassen oder zu den Treppenaufgängen im Zuschauerraum, um – ja – und nun wird's verrückt – um Dich und »Deinen Rolfi« in Eurer »Kellner-Szene« zu erleben. Als ich hinter den Kollegen herschniefte und versuchte, zwischen ihren Körpern einen Blick auf die Bühne zu erha-schen, hast Du gerade eine Portion Bockwurst auf den Tisch geknallt:

»Hier, Ihre Wurscht!«

»Oh, ist Ihr Daumen etwa die einzige Garnierung?«

»Meinen Se, ick hab Lust, dit Ding nochmal zu suchen, wie vorhin uff de Treppe? Machen Se sich Ketchup drüber, denn sieht man den Staub nich so, außerdem will dit Ooge ja ooch mitessen.«

Platsch, spritzte die ganze Pulle Tomaten-Ketchup dem armen Rolf übers Hemd.

»O Gott, mein Hemd!«

»Halb so wild, halten Se still, der Fleck jeht am besten mit Alkohol raus.«

Du stippst – ihgittigitt – eine schmutzige Serviette in Rolfs Kognakglas und wischt an seinem Corpus herum.

»Menschenskind, jetzt haben Sie mir ein Loch reingerieben.«

»Sein Se doch froh, daß Luft rankommt, durch dit olle Perlonzeug kann die Haut ja überhaupt nich atmen. – So, möchten Se noch wat verzehren?«

»Ja, bitte einen Mokka. Ich habe nämlich zu niedrigen Blutdruck.«

»Aber unsre Köchin, die hat zu hohen. Wat meinen Se, wie die mich raushaut, wenn se wegen die eene Kaffebohne ne

Traudl und Hugo überhäufen sich mit »Liebkosungen«.

»Das ist ja ganz billiger Weinbrand-Verschnitt.« »Verschnitt stimmt – aber billig nich!« Henne mit »ihrem Rolfi« in einem Sketch im Friedrichstadt-Palast.

neue Büchse uffmachen muß. Hier, trinken Se meinen, der is schon abjekühlt.«

Volle Tasse Kaffee klatscht über Hose – rinnt Beine lang – bildet Pfütze auf der Bühne.

»Passen Sie doch auf, das ist echt schottische Dudelsackwolle!«

»Hätten Se Sekt bestellt, hätten Se jetzt keenen Kaffeefleck. Also, wat is? Halbtrocken? Trocken?«

»Trocken. Dann werde ich wenigstens nicht naß, wenn Sie mich wieder begießen.«

»Eine Flasche Halbtrocken! Trocken is alle, trink ick ooch nich so jerne.«

Die Flasche (Selters) hast Du noch hinterlistigerweiser kräftig geschüttelt, den Korken knallen lassen und Rolf von oben bis unten vollgepantscht. Dazu Dein fröhlicher Kommentar:

»Sehn Se, nu baden Se sojar noch in Sekt.«

Wie ein begossener Pudel saß Rolf da und glotzte Dich an. Diesen traurigen »Hundeblick« hast Du natürlich nicht lange ausgehalten und jedesmal losgeprustet. Auf diesen Augenblick haben Deine Kollegen allabendlich gewartet. Du, das Publikum, die Kollegen, alles brüllte vor Lachen. Der Abendspielleiter wurde nachher schon richtig sauer: »Wenn dit so weiterjeht, sind wir mit der Vorstellung nächstens erst um Mitternacht fertig.«

An sich war es im Friedrichstadt-Palast so Usus, die Revue spätestens um 21.40 Uhr zu beenden, weil sonst der letzte Zug nach Hinter-Strausberg futsch war und dort beheimatete Zuschauer ansonsten schon vor dem Finale aus dem Saal stoben. Bei Dir und »Deinem Rolfi« blieben sie bis zur letzten Minute, obwohl Taxe bis da raus 'ne Stange Geld kostet. Spät am Abend konnte man dann einen kleinen Mann beobachten, der mit hurtigen Schritten durch die Gänge eilte, das beschmierte Hemd in der Hand, um es sofort auszuwaschen. Rolfis Garderobier. Und obwohl der Mist so schwer rausging, hat er entweder vor sich hingekichert oder sich eins gepfiffen.

Mit Rolf warst Du doch auch das erste Mal in Westberlin, stimmt's? Ja, ja, von wegen arbeiten, ins Porno-Kino seid Ihr gerannt, gleich am Bahnhof Zoo. Und was habt Ihr beide da gemacht, hm? Gelacht wie die Kaputten, und Du hast vielleicht 'ne Lache, eh! Wegen dieser dicken, fetten Lache hätten sie Dich beinahe mal aus der *Kleinen Revue* rausgeschmissen, weißte noch? Selbst die »ernsthaften Sex-Kinogänger« haben sich beschwert, daß sie wegen Dir den hochdramatischen Faden verloren hatten. Später dann Deine herbe Kritik an dem Machwerk: »Du gloobst et nich, Gela, so eine Kacke, und denn in Großaufnahme, also wie ›Knüppel aus'm Sack!‹« Spätestens nach drei Tagen, Du warst bereichert um Porno-, Aldi- und Hertie-Erfahrung, hatte Dein Paß wieder auf der Reisestelle Adlershof zu erscheinen. Einmal war ich mit. Eine Kollegin mit unergründlichem Blick nötigte Dich: »Sie müssen Ihren Reisebericht noch ausfüllen, Frau Hahnemann.« Ohne mit der Wimper zu zucken, nahmst Du das wichtige Papier – mit Fragen wie:

Hatten Sie Westkontakte? Mit wem? Wo haben diese Kontakte stattgefunden? –, hast Deinen roten Filzstift rausgeholt und quer drübergeschmiert: »Ich hatte keine Kontakte!«

Die Frau sah wie hypnotisiert auf das Blatt und stammelte: »Ich möchte Sie bitten, den Bericht mit dem nötigen Ernst zu behandeln!«

Du, jetzt auf Hochdeutsch, leise aber deutlich: »Das ist sogar mein bitterer Ernst!«

Dann haben wir uns umgedreht und trotz der Dolchblicke im Rücken das »Reisebüro für IMs« gemessenen Schrittes verlassen.

Der April war naß und saukalt, aber Du wolltest jetzt gleich, sofort und überhaupt irgendwohin, um steppen zu lernen. Nicht auf der Nähmaschine wohlgemerkt, sondern mit Deinen kleinen Patschfüßen.

»Und wozu?«

»Mal sehen, ick find dit jedenfalls schau, wenn et auf der Bühne klappert.«

Na ja. Auf nach Hollywood zu Fred Astaire! Sollte ein Witz sein, Hennekin. Wie ich Dich kenne, hattest Du doch schon längst Deine Fühler ausgestreckt – richtig!

Wir flogen nach Prag zu Professor Frank Towen. Der hatte in Amerika lange Jahre Step- und Jazzdance studiert und nun in Prag einen Lehrstuhl. Ehrlich gesagt erwarteten wir ein kleines, drahtiges Männchen und waren baß erstaunt, als ein weißhaariger Zwei-Meter-Mann auf endlosen Beinen und im blauen Pulli uns mit Ausdauer die Hand schüttelte und Dich sofort Deine Steppschuhe anschnallen ließ. Ich hab mich diskret in eine Ecke verzogen, dachte aber: Aufpassen tuste, wer weiß, vielleicht zu Omas Geburtstag, immer nett, solche kleinen Einlagen von Verwandten. Auf Frank Towens Wink kriegtest Du noch Verstärkung, vier fabelhaft gewachsene junge Mädchen, die Dir die ersten Step-Folgen perfekt vorklapperten. Toll! Dann Du: Und tepp – und tepp – und – o Gott, eben hatte das doch noch so leicht und anmutig ausgesehen. Hana, Jana, Helena und Ewa führten es Dir mit Engelsgeduld immer wieder vor, langsam, sogar in Zeitlupe,

Professor Towen lobte Dich auch schon zögernd: »Na also, das wird doch schon.« Und tepp – und tepp – und tepp – es dröhnt mir heute noch in den Ohren.

Abends saßen wir im *Inter-Conti* in der Bar, und die war schneeweiß: die Möbel, der Tresen, der Flügel, der Wodka und der Frack vom Pianisten.

»Hier komm ick mir vor wie im OP«, hast Du Dich geschüttelt. »Aber der Pianospieler spielt dufte!«

»Gela, laß dir ja nich etwa einfallen, dem 'n Drink zu spendieren, du weeßt, wir haben keene Kronen!«

Weil der Mann am Klavier aber derart zu Herzen gehend klimperte, hast Du ihm dann doch seufzend einen Campari rübergeschickt, dann noch einen und noch einen, inzwischen waren die Kronen uns nämlich piep-egal, wir lümmelten auf dem Flügel rum und jaulten die Lieder alle gefühlvoll mit.

Die nächste Bar war ganz in schwarz gehalten. Total duster, der Laden. Aber die Band spielte fantastisch Rock 'n' Roll. Unsre große Leidenschaft!

»Wolln wir?«

»Türlich!«

Zielsicher steuerten wir auf zwei an der Bar »alleinstehende« Herren zu, fragten: »Do you dance Rock 'n' Roll?«

»Sure!«

Und schon standen wir auf der Tanzfläche kopf und haben uns geschmissen, gedreht, gewälzt und haben gegrölt, bis wir nicht mehr wußten, wo vorne und hinten ist. Die zwei Tanzpartner waren – wie? Schweden? Ach was, finnische Piloten, wir sollten doch mitfliegen nach Helsinki, die ahnten doch nicht, daß man mit »Zonentanten« solche Ausflüge nicht machen kann.

Am nächsten Tag war Jazz-Dance angesagt, obwohl wir noch ziemlich grün im Gesicht und vergnatzt im Charakter waren. »Wat hast du denn da für 'n häßlichet Plastemäntelchen an?« kam es mächtig schräg von Dir.

»Mein neuer Regenmantel.«

»Neu? Sieht mehr aus wie vonner Volkssolidarität.«

Der Jazz-Dance war super, und unsere Stimmung inzwischen auch!

So ähnlich sah das »Plastemäntelchen von der Volkssolidarität« aus.

»Die hole ick mir in meine Show«, hast Du begeistert versprochen. Und: »Wat meinen Sie, Herr Professor Towen, ob ick dit auch lernen könnte?«

Towen nickte zuversichtlich, ein Gentleman konnte doch nicht brutal »Nein« sagen, oder?

Dann war die Bahn weg, und wir sind gelaufen und gelaufen, wußten überhaupt nicht mehr, wo unser Hotel liegt. Taxe kam nicht in Frage, weil wir – wie gesagt – arg minderbemittelt waren, das Wetter wurde auch immer schlimmer, aber ich hatte ja meinen Mantel. Den von der »Volkssolidarität«.

»Frierst Du?« wollte ich scheinheilig wissen, obwohl Dein Schlottern kaum zu überhören war.

»Ick bin wie 'n Eisklumpen!«

»Willste meinen Mantel?«

»Ja, bloß 'n paar Minuten.«

»Kannste anbehalten, mir ist warm«, icke, großspurig.

»Der ist jar nich mal so übel«, kam von Dir nach einem Weilchen, »wärmt, hält 'n Wind ab, und sieht ooch dufte aus.«

Drei Tage später hast Du Dir das »Plastemäntelchen« in rosa gekauft.

Für *Helgas Topp-Musike* im Rundfunk hatten wir verschiedene Figuren erfunden, die, je älter sie wurden, in unserer Einbildung schon fast real existierten: wie »olle Bertha« zum Beispiel, das Suppenhuhn (abgeleitet von Henne natürlich), die den Titel-Song *In the Mood* krähte. Nach einigen Sendungen ging sie uns damit ganz fürchterlich auf den Wecker, aber da war es bereits zu spät, die Hörer hatten sich darauf eingepegelt, allerdings auch zähneknirschend. Dank Deiner cleveren Musikauswahl hat der nächste Titel dann ihre Seelen sofort wieder weichgespült. Dann gab's noch diese militante »Gymnastiklehrerin Ilse Gürtelschnalle«, ein fürchterliches Weib, und ich habe jedesmal gestöhnt: »Komm, Henne, wir lassen die alte Eule endlich ›sterben‹.« Aber da warst Du stur, wolltest sie ums Verrecken nicht aufgeben. Es machte Dir halt ein diebisches Vergnügen, in Deinen Shows als

»Ilse« angepoltert zu kommen – mit Dutt und in einem ausgebeulten Armee-Trainingsanzug –, Tausende von Zuschauern von ihren Plätzen hochzujagen und sie wie Känguruhs herumhopsen zu lassen. Zu allem Überfluß hast Du sie auch noch als »Mitläufer« und »Gewerkschaftsabkassierer« angegiftet. Aber die Zuschauer standen darauf. Die Krönung war aber eigentlich »Traudl«, die »Putze mit der Kodderschnauze«. Was dieses freche Luder im Rundfunk und auf der Bühne unbekümmert von sich gab, war in einer Zeit, in der man sich schon mit dem Wetterbericht verdächtig machen konnte, äußerst gewagt. Tja, es kommt eben darauf an, wie so etwas vorgetragen wird, und darin warst Du einsame Spitze. Denkst Du noch an Traudls erste Talk-Show im Fernsehen? Als Gesprächspartner vorgesehen waren Kammersänger Rainer Süß, Heinz Quermann und Karl-Eduard von Schnitzler, letzterer ein gefundenes Fressen für unsere Traudl, denn sie sollte diesen Herren fragen: »Herr von Schnitzler, Sie sind ja dafür bekannt, daß Sie im Fernsehen durch sämtliche dunkle Kanäle krauchen, aber Sie sollen ja noch viel schlimmere Dinge druff haben, nämlich Klavierspielen. Is dit der Grund, daß Sie schon dit vierte Mal verheiratet sind? Obwohl 'n mieser Klavierspieler ja nich unbedingt ooch 'n schlechter Ehemann sein muß, stimmt's?«

Wir hatten Pech, Karl-Eduard wollte sich in unserer Sendung nicht die Ehre geben, also mußte ein neuer Prominenter her. Die Wahl fiel auf Professor Dathe, Berliner Tierparkdirektor, Sachse und daher urgemütlich. Traudl hat ihn mit ihren »hintergründigen« Fragen überfallen:

»Sagen Se mal, Herr Professor, Ihre Person is ja nun für die Berliner ein beliebtes Ausflugsziel – vom kleensten Affen bis zum größten Rhinozeros, wa? Stimmt dit, daß man an Ihre Eisbären nicht so dicht ran dürf, weil man sich sonst 'n Schnuppen holt? Trifft dit ooch uff Blaubeeren zu, oder ham Se die in Ihrem Park noch jar nich zur Welt jebracht? Sagen Se ruhig, wenn ick Ihnen zu intim bin, denn wechsel ick dit Thema uff Elefanten, die ja ooch an ihnen hängen wie die Kletten. Nu kommen die ja aus Indien, sprechen also indianisch, verstehn die denn Ihr jehobenet Angelsächsisch? Elefanten sollen ja so nachtragend sein. Ham Sie jar keene Angst vor so 'ne hohen Tiere? Nee? Ooch nich vor Löwen? Also nur vor Ihre Frau! Nu sind Sie ja schon seit Jahren zur Zucht zugelassen, und wat dabei rausjekommen is, hat die janze Welt verwundert uff Ihnen blicken lassen. Wie issen dit, wenn so 'n Affe da bei Ihnen hinter Jitter kommt, dürf der sich 'n Anwalt nehmen oder wird der einfach so verknackt? Und stimmt dit, daß 'n Krokodil 'ne ausjewachsene Kuh ufffressen kann? Jaaa? Au, denn muß ick ja in Zukunft höllisch uffpassen.«

Leider, leider sagte auch der Professor ab, dafür düste aber unser National-Sportreporter Heinz-Florian direkt vom Budapester Fußballfeld zur *Heiteren Muse* nach Leipzig und wurde von Traudl angegriffen: »Ihnen kennt man ja nun von alle internationalen Sportjaststätten, wie kommt 'n dit eigentlich, daß Sie so jut spinnen können? Hat dit bei Ihnen schon als Kind anjefangen?«

»... jut wär, wenn der Herr Kammersänger mal 'ne Fußballreportage singen würde.«

War ein starkes Solo von Dir, Hennekin. Keiner der Gesprächspartner kam zu Wort, Du hast sie alle zu Boden gequasselt, das Publikum quietschte vor Vergnügen.

Traudl hat mit ihrem losen Mundwerk auch den »Rentner-Grenzverkehr« kommentiert, dieses Traktieren von alten Menschen an den Übergängen, wie eine Herde Vieh zusammengepfercht, kontrolliert, durchsucht, verhört wegen staatsfeindlichen Schmuggelns von Filtertüten, Puddingpulver, Toilettenpapier und bunten Zeitschriften.

Traudl gab – von der Bühne runter – ihre geheimen Verstecke preis: »Wat meinen Se, wieviel ›Playboys‹ ick schon in meinem Hüfthalter über de Grenze jeschleppt habe, weil man von unserm ›Zentral-Orjan‹ sexuell überhaupt nich anjeregt wird. Oder wußten Sie etwa, daß Ihre Ehe wieder wie neu wird, wenn Se Ihrem Ollen dit Abendbrot mit schwarze Strapse servieren? Sehn Se, dit hab ick durch eine ›intime Beichte‹ in so 'ne bunte ›Gazelle‹ erfahren. Unsereenen lassen se immer so weiterwurschteln. Bei uns passiert doch inne Zeitung überhaupt nischt, oder haben Sie schon mal jelesen, det 'n Werkleiter sich 'n paar Millionen eingesackt hat und damit int Ausland getürmt is?« Hier machte Traudl eine längere Pause, um dann, wie nebenbei, fallen zu lassen: »Jott, wo soll er ooch hin, nich?«

»Sie gelten als ›Mitfahrerin‹ von Frau Hahnemann«, die junge Offizierin schob mir meinen Paß mit dem kostbaren Stempel zu. Ich hatte ihn! Durfte rüber! Nach Westberlin! Einfach so! Keiner tot, keine Silberhochzeit, keine Kindtaufe, nur »Mitfahrerin«. Klingt zwar 'n bissel wie »Mitesser«, aber was soll's? Ich bin glücklich!

»Mensch Gela, mitten inner Nacht, ja doch, wir fahren, aber darf ick wenigstens noch 'n halbet Brötchen runterschlingen?«

Ich stand auf der Straße schon wieder wie auf Kohlen, als Du mich angrinstest: »Na? Haste wenigstens Deine Wanderschuhe an?«

Dich kannten sie ja an der Grenze schon, aber mir war

hundeelend, als wir uns dem »Checkpoint Charly« näherten. Stop! Rotlicht! Grün! Weiter! Stop! Schranke! »Raus, Gela! Und halt ja die Klappe! Laß mich dit machen.« Bis auf seinen Hintern verschwand der Zollgewaltige in Deinem »Mazda«, hob Polster hoch, tastete »Wako«, Deinen Teddy, ab, steckte den Kopf ins Handschuhfach, klappte endlich die quietschende Schranke hoch. Weiter, im Schrittempo. Warten vor einem Fenster mit herunterhängenden Lederfransen. Zu!

»Was issen? Keiner da?« würge ich hervor.

»Ruhe! Jib deinen Paß her!«

Plötzlich schiebt sich ein halber Arm durch die Lederlappen, die dazugehörende Hand tut sich auf, wackelt fordernd mit den Fingerspitzen, grabscht nach den Pässen und zieht sich in die Höhle zurück. Ich kann nicht glauben, was ich sehe, aber Du machst nur: »Psst! Bleib janz ruhig!« Hinter dem Leder krachen jetzt zwei Stempel. Ich hocke wie ein ängstliches Kind in der Gespensterbahn und warte, daß die Hand wiederkommt, diesmal aber abgehackt und blutverschmiert! Denkste! Wie vorhin schiebt sie sich durch, mir fällt *Hallo again* von Howard Carpendale ein, Du entnimmst der Hand unsre Pässe, nickst freundlich in Richtung Luke mit Fransen, sagst: »Tschöööö!« Und dann zu mir: »So, Alte, nu mach dich frisch, wir sind im Joldenen Westen!«

Aber da schwebte ich schon da oben irgendwo. »Riech doch mal, wie dit riecht. Westluft – Westbenzin – Westqualm – Westhunde«. Ich war nicht mehr zu halten.

»Komm, ick zeig dir wat!« Du zerrtest mich über den Platz an der Gedächtniskirche. Westpenner – Westkoks – weiter – weiter – Galopp – Galopp – Westbettler: »Haste mal 'ne Mark?« Westlullen-Werbung »Come together« – ja gut, und wo? Aha, Krematorium, eh! West-New-Yorker – stark reduziert – jedes Teil 20 Mark. West-Alltag: »Bin obdachlos« – »Don't worry – be happy.«

Mein Kreuz tat weh, mußte humpeln, weil Blase am Hakken. Du schobst mich im KDW durch alle Düfte des Orients die Rolltreppe hoch, dann Dein erwartungsvolles »Na? Wat sagste nu?«

Hunderte – oder Tausende – von Lampen glitzern auf uns ein, Prismen funkeln wie Diamanten, Lichtorgien oder die Invasion von Kronleuchtern, die uns blenden wollen, zum Kauf zwingen oder erschlagen. Mir wurde schwindlig, hättest Du mich nicht gestützt, wäre ich in die nächstbeste »Tiffany«-Leuchte gefallen.

Wieder auf dem Kudamm, gegen den Menschenstrom ankämpfend, hast Du meinen Arm getätschelt: »Tja, Gelachen, du wolltest doch unbedingt rüber, nu mußte aber auch durchhalten.«

Wie ein müder Krieger, jetzt schon an beiden Füßen verwundet, schleppte ich mich noch bis zum »Maredo«. Dir haben diese endlosen Märsche überhaupt nichts ausgemacht, hast mir pausenlos Schaufensterpuppen mit ausgeflippten Klamotten gezeigt, zu denen ich nur noch apathisch nicken konnte. Bis nach Mitternacht gluckten wir dann noch zwischen »Schicki-Micki-Karossen« auf dem Mittelstreifen und schlugen uns den Bauch mit Erdbeer-Joghurt voll, den eine Bekannte – weil nämlich Vertreterin von ebendiesen Schlabberdingern – für uns kistenweise anschleppte. Und dann war es zu spät! Die Grenze hatte bereits dicht gemacht. Mir war das völlig schnuppe, ich saß zusammengesackt in Deinem Auto, aber Du hast die Scheibe runtergekurbelt und in die Nacht geblökt: »Hallo! Macht bitte auf, ick will nach Hause.«

Zuerst totale Ruhe, so, als wenn jemand seinen Ohren nicht traut, es nicht fassen kann, daß ein Wahnsinniger es wagt, die heilige Grenzruhe zu zerstören. Du warst nach dem Tag natürlich auch nicht mehr ganz frisch und hast gemault: »Mensch, nu macht doch schon uff, Kinder. Ick bin's doch, Helga!«

Zack! ging ein Scheinwerfer an, traf uns »hart wie eine Faust«, wir mußten die Hände vor's Gesicht halten. Sonst weiter Totenstille. Nun wurdest Du aber doch langsam sauer: »Eh, macht den Topp aus, ihr Eierköppe, und die Barriere endlich uff, ick hab die Faxen dicke!«

Siehe da: Licht aus! Tor auf! Keine zwei Minuten, und wir waren da, wo sich die Füchse »Gute Nacht« sagen, in der

Hauptstadt der DDR. Später, als die Grenzer sich an uns gewöhnt hatten, ging alles schon viel lockerer zu. Da gab der »Arm« sogar den zu ihm gehörenden Kopf preis, und auf Dein: »Dit is meine Autorin« kam ein gebrummtes: »Wissen wir längst« zurück. Noch etwas später hat uns sogar eine »Grenz-Frau« bestempelt und außerdem ein paar nette Worte mit uns gewechselt. Mehr noch, sie schien uns obendrein Gutes tun zu wollen, denn kaum bremsten wir vor ihrem Klappfenster, verriet sie uns: »Tamara ist schon drüben, vor 'ner Stunde schon.« Für diese bedeutende Auskunft hast Du Dich dann immer mächtig bedankt, obwohl es uns einen »feuchten Kehricht« anging, um welche Zeit die Rockröhre Tamara Danz zu ihren Konzerten fuhr, aber die »Grenz-Wächterin« hatte euch beide mal zusammen gesehen, ergo stand für sie fest, daß auch eure Auftritte bei einer Art »Brigade-Abend« stattfanden.

Der hundertste *Kessel Buntes*. Weißt Du noch, wie wir uns gefreut haben, daß ausgerechnet Du den *Kessel* moderieren solltest? Oder durftest, muß man besser sagen, denn es gab viele, viele, die es sich zur Ehre angerechnet hätten, unseren Renommier-*Kessel* an diesem Tag zum Kochen zu bringen. Aber, Fernsehen ist ja nun ooch nicht dusselig, die brauchten natürlich eine sichere Bank, um die Menschen von ihrem bescheidenen Leben abzulenken und dieses Ablenkungsmanöver warst Du! Und obwohl es heißt: »Gebranntes Kind scheut das Feuer« und wir uns wirklich schon so oft die Schnauze und noch alles mögliches verbrannt hatten, stürzten wir uns wiedermal wie ahnungslose Kinder in das Abenteuer *Kessel*-Manuskript. Verrückt sollte es sein, ausgefallen, die Zuschauer zum Lachen bringen, deshalb hatten wir uns für den Anfang eine Laudatio auf den Hundertsten ausgedacht: Du, als Festtagsredner in Frack und mit Chrysantheme an einem roten Pult stehend und des öfteren aus einem Wasserglas trinkend, bei dessen Inhalt es sich – wie könnte es anders sein – um Wodka handelte. Nun, beginnen sollte es noch einigermaßen manierlich:

Der 100. »Kessel Buntes«. Weißt Du noch, wie wir uns darauf gefreut haben?

Hochgeschätztes Publikum, meine Herren, meine Damen und andere Haustiere, liebe Kinder an den Bildschirmen. Gestatten Sie mir, Ihnen zum hundertsten Wiedersehen der beliebten Fernseh-Serie ›Polizeiruf 110‹, Verzeihung, falsche Spalte, zu der Sendung ›Ein Kessel Buntes‹ meine aufrichtige Anteilnahme, Pardon, für Ihre aufrechte Teilnahme zu beglückwünschen und für Ihre Anstrengungen, die Einschaltquoten um mindestens 50 % zu senken. Hier die Gründe: Wir, als eingesessene Bürger unseres Territoriums, sind in vielen auswärtigen Ländern – bis hinunter zu den Malediven – für unseren festen Willen berühmt, feste Feste zu feiern. Diese Spektakel wurden zum festen Bestandteil unseres immer besser bleibenden Lebens hochgejubelt. Um den Herren Kritikern unserer bescheiden Lebensart den Wind aus den Segeln zu nehmen: Wir arbeiten auch! Und zwar hart! Um die Höhepunkte zwischen den Höhepunkten gründlich vor-

zubereiten. Weiter: Wo steht der ›Kessel‹ heute? Besser gesagt: Wie schlimm steht es um unsere Humorproduktionen? Wobei ich die ›Aktuelle Kamera‹ gar nicht mit einbegreifen will. Andererseits: Wer WILL denn überhaupt noch lachen? Ist unsere Anstalt dazu verpflichtet, dieser Sucht nachzugeben? Nun, wir – als öffentliches Haus – bilden uns da unser eigenes Urteil. Nach jeder Sendung befragen wir mindestens zwei Kantinenfrauen, einen Kraftfahrer sowie den Pförtner. Somit können wir präservativ – reserve – nun, dieser eine Mann hat gesagt: Der Bedarf der Bevölkerung nach Kultur ist mit 30 % Ausschuß vollkommen gedeckt. Zuweilen wird bei ewig-gestrigen Nörglern der Ruf nach attraktiveren Sendungen laut, hicks! Dem wurde stattgegeben. Eine blonde Aufnahmeleiterin wurde eingestellt sowie ein neuer Bühnenvorhang angeschafft. Durch beide Elemente wurden die Sendungen noch bunter, aber auch – hicks – undurchsichtiger. Ich möchte auch nur ungern wiederholen, was ich wiederholt gegen Wiederholungssendungen gesagt habe, aber schließlich: Wohin mit den Restbeständen, wo unsere Müllkippen sowieso schon schimanskyreif sind – oder reif für Borgelt – oder für die Insel, was weiß ich. Meine Damen und – hicks – ihre Kerle, es gibt also keine ›Kessel-Affäre‹, es gibt nur unsere positive Meinung und damit – hicks – basta. Und sollten mich jetzt ein paar liebe Ministerchen hören und der Meinung sein, daß meine Ein- und Ausfuhren nur Verwirrung stiften, bitte, – hicks – Sie müssen ja nicht unbedingt vor der Glotze rumlungern, hicks. Treten Sie doch einfach zurück und lassen Sie – hicks – andere auf Ihre Sessel, nicht?«

Wie Max und Moritz sind wir mit diesem Text in die Chefetage gestiefelt und kriegten es auch gleich ohne Vorrede um die Ohren gehaun. Du warst nicht ganz so verdattert wie ich, oder, Henne? Bei mir hat es immer eine Weile gedauert, bis ich mich von so einem Schlag erholt habe. Ja, weil man sich wie ein Wiederholungstäter vorkam, der, kaum aus der Verwahrung entlassen, sofort einen neuen gemeinen Anschlag auf »unsere gute Sache« verüben wollte. Mich hat man danach einfach links liegen lassen und Dich ganz artig gefragt: »So, liebe Helga, wie fangen wir den *Kessel* denn nun an, hm?«

Darauf Du, mit Unschuldsengelmiene: »Vielleicht mal ganz anders, zum Beispiel so: Guten Abend, meine Damen und Herren?«

Biest! Zu allem Unglück »spielte« der *Kessel* nun auch noch im Palast der Republik. Halt, Unglück ist falsch. Sagen wir mal so: Dieses sogenannte »Haus des Volkes« war für Protagonisten einfach schwer zu bewältigen. Schon die endlose Bühne, so groß, daß man sich darauf einen Wolf lau-fen konnte. Dann diese verflixten gelben Sessel, weich wie Bubble-gum. Auf Zuschauer, die sich nach einem anstrengenden Arbeitstag in solchen Sessel fläzten, wirkte er wie eine Dröhnung Schlaftabletten. Diese dreitausend »Schlafsäcke« nicht nur wachzukloppen, sondern auch noch zu einem kleinen Lächeln oder – wenn's hoch kam – zum Lachen zu animieren, war Dein harter Job! Außerdem jedesmal dieses Affentheater, um in den »Lampenladen« hineinzukommen! Und raus! Genau so schlimm!

»Ihr Hausausweis, Frau Hahnemann!«

Du: »Steckt 'n euch sonstwohin, ick will so 'n Ding nich!«

Uniformierte Pförtner-Feldwebel-Damen brüskiert, Chef vom Dienst in kaffeebraunem Zivil eilt herbei, überredungsgeschult, leise, eindringlich. Abgeblitzt! Aufnahmeleiterinnen, scharenweise, nett, lieb, wollen Dir mit Deinem ausweisverzierten Handtäschchen Tag und Nacht hinterherschleichen, kennen alle Deinen Dickschädel nicht. »Paßt mal uff, Leute!« Au, au, au, jetzt geht's los! »Ihr wißt doch, wer ick bin, oder? Also: Entweder ihr legt die Pappe hier zum Pförtner hin, oder ihr macht euch den Käse alleene, klar?«

Was sollten sie machen? *Kessel* ohne Hahnemann wäre fast so ein Einschaltquotentöter wie Schnitzlers *Schwarzer Kanal*. Mich kriegten die Palast-Diener natürlich gleich am ersten Abend beim Wickel, logo. Du hattest mich losgeschickt, Eintrittskarten zu verteilen, umsonst, wie immer. »Mach ick nie wieder!« hast Du geschworen, »erst löchern se einen alle und hinterher kriegen se plötzlich Besuch aus

Charly-Marx-Town oder haben Brigade-Julklapp, fünfhundert Knaddeln hab ick in 'n Sand jesetzt.«

Ich also raus mit den Karten, die Menschen haben sie mir aus der Hand gerissen, und als ich wieder rein will, komme ich nicht mehr rein. »Ihren Ausweis?« – »Oh – ja – oben, in Frau Hahnemanns Garderobe, ich bin nur schnell, ohne Tasche, Sie sehen ja, hab nur 'ne Bluse an.« Eisige Blicke, der Kaffeebraune schiebt sich, jetzt allerdings schon Vaterland verteidigend, mit seiner Breitseite vor die Tür: »Nur über meine Leiche!«

Guter Vorschlag, aber ich konnte kaum noch so schnell zittern wie ich fror. »Hören Sie – mein Name ist – ich bin die Autorin der Sendung.«

Nun wurde er eklig. »Und wenn Sie die Kaiserin von China sind!« Aha! Die und icke, wir beide! Dummerweise sehe ich in solchen Situationen immer so kleine rote Wölkchen vor meinen Augen rumtanzen, deshalb fing ich an zu kreischen: »Geh endlich zur Seite, Du Vollidiot!« Eine Palast-Revolution befürchtend, trat der Hauptabteilungsleiter Fernsehen in dezentem grauen Flanell und weiß beslippert in »Action«, legte wie bei einem kranken Kind den Arm um mich und erklärte dem Volkshaus-Zerberus schlicht: »Es stimmt, was die Kollegin sagt, ich verbürge mich für sie.«

Hinter meinem Rücken nickte er wie ein Irrenarzt seinem Hardliner zu und belobigte ihn: »Das haben Sie völlig richtig gemacht, Genosse.«

Du kamst triefend unter der Dusche vor und hast, alles vollpantschend, amüsiert gefragt: »Dich wollten se nich rinlassen? Na prima, denn lassen wir se hier ooch nich rin! Schließ ab, Schmidtchen (Schmidtchen, Deine Garderobiere, goldige Frau, schaffte einen vollständigen Umzug mit Mikro- und Senderwechsel in achtzehn Sekunden).« Dann leierte es auch schon über den Lautsprecher: »Alle Genossen zur Kritik in den Abnahmeraum!« Putzigerweise war damit alles, was Beine hatte, gemeint, bloß wir beide nicht. Also hast Du Dich auf Dein Kanapee gehaun, Siesta gehalten, und ich wartete mutterseelenallein in der Kantine! Nach einer Stunde etwa klopften sich Redakteure und Assis an Deiner

Garderobe die Finger wund und schoben durch den Türschlitz für den Fortbestand der DDR lebensnotwendige Textänderungen. Ohne einen Blick darauf zu werfen, landeten diese hochbrisanten Pamphlete bei Dir zwischen Bananenschalen und Apfelgriebschen im Abfalleimer. Danach hattest Du Hunger! Nun hätte Schmidtchen Dir natürlich ohne zu murren jede Menge Bouletten und Kartoffelsalat in Deiner Garderobe serviert, aber »dit war dir nischt«. Du mußtest immer mittenmang hocken: »Rück mal 'n Stück, laß mal 'ne alte Frau hier mit ran!« Und das Ballett schob erfreut seine hübschen Hintern enger zusammen, damit Du Dich breit machen konntest. Und sofort war Leben in der Bude: »Mann, ihr könnt aussehn.« Ballett natürlich. »Kiek mal, Gela, sind die nich irrsinnig schön? Aber, Kinder, habta vorhin mein ›hohes Bein‹ jesehn? Seida neidisch, wa! He, Mister Accelerando (gemeint war der Orchester-Chef), tute nachher nich so laut, Mensch, ick hab nämlich ooch leise

Altrocker »Puhdys« und die größte Quasselstrippe der Welt.

Töne druff. Du, Toni, komm mal her! Dit Mikro machste mir janz zum Schluß ran, hörste? Nich, daß ick damit wieder uff't Klo latsche und der Tonwagen denkt, draußen regnet's!«

Ehrlich gesagt, kein Künstler hat es so wie Du verstanden, in diesem kaltschnäuzigen Gemäuer so viel Wärme und Fröhlichkeit zu verbreiten. Erinnerst Du Dich, wir waren später noch oft dort zu Veranstaltungen der »Großen« und »Ganz-Großen«. Klar, daß wir dann auch unsere alte »Wirkungsstätte«, die Kantine heimsuchten. Da saßen sie dann alle, die Stars, jeder für sich in einer anderen Ecke, gestylt und vor Las-Vegas-Erfahrung strotzend. Graulen konnte man sich! Bei Dir wußte man, Du haust ab und zu mal über die Stränge, blökst auch mal rum und tust so, als wärst Du ein Mega-Star, um im nächsten Moment »Frau Wirtin« zuzuwinken: »Schubi, schreib alles uff meine Rechnung, wat die Blödis hier versaufen!«

Dann stand da plötzlich ein Kerl wie ein Baum und sagte: »Helga, wollen wir unseren Text nochmal durchgehen?« Gunther Emmerlich. Vom ersten Guten-Tag-Sagen an wart Ihr zwei »linke Latschen«. Ich hatte Euch eine kurze Szene geschrieben, in der ihr Euch »immer alles offen und ehrlich sagen wolltet«. Gunther etwa so: »Wir könnten doch beide mal was zusammen singen!« Innerer Monolog: »Wenn sie jetzt ›Ja‹ sagt, dreh ich ihr den Hals um!«

Dann Du: »Ich würde Dich auch gerne mal zu meiner *Topp-Musike* einladen!« Zu den Zuschauern: »Dann muß der Herr Baß früh um fünfe uffstehen, hihihi!«

Bis dahin war, das sah jeder ein, weder der antifaschistische Schutzwall noch das Ansehen der Arbeiter- und Bauernklasse gefährdet, gell? Aber ihr zwei Tunnel-Buddler hattet ja noch einen ganz abgefeimten Anschlag vor, das hab ich doch gleich gewittert, als Gunther harmlos wissen wollte: »Sind wir eigentlich live auf dem Sender?«

»Logo! Ick mach nur noch live, Aufzeichnungen lehne ick ab, wo se hinterher die Hälfte rausschnippeln.«

Gunther sah jetzt aus wie ein siebenjähriger Bengel, der hinter seinem Rücken eine Wasserpistole versteckt, als er verschmitzt meinte: »Dann mach ich Dir einen Vorschlag.

Bloß eine winzige Textänderung, zum Schluß, wenn ich sage: ›... ein Gigolo ist ein junger, schöner, schwarzhaariger Eintänzer‹ – siehst Du mich von oben bis unten an und sagst: ›Na, die Rolle is Dir ja wie auf 'n Leib geschrieben!‹ Und ich: ›Ja, wie Dir die Rolle als Schokoladenmädchen, aber tröste Dich, wir beide sind nicht die einzige Fehlbesetzung in dieser Zeit!‹«

»Stop!« sag ich, »geht nicht! Und wißt ihr, warum? Der Tonmeister kam vorhin bibbernd und bebend zu mir, er wurde nämlich von der Leitung vergattert – und wer vergattert ist, darf ums Verrecken nichts verraten –, aber dann hat er doch geredet, weil er diesen Schwachsinn mit seinem Berufsethos nicht vereinbaren kann, daß in seinem Ü-Wagen extra für diese Sendung eine Vorrichtung eingebaut wurde, und sobald ein falsches Wort gesagt wird, macht's ›bums, Klappe zu.‹«

In Deinem Blick konnte ich lesen: »Arme Alte, nu dreht se langsam durch.« Dann die gutmütige Frage: »Gelachen, nun mal im Klartext: Wer will im Ü-Wagen bumsen, hm?«

Ich, hysterisch: »Mensch, begreift ihr denn nicht? Die drehen euch den Hahn zu, schmeißen ein Epi ›technische Störung‹ rein!« Endlich hattet ihr's geschnallt.

»Welcher Drecksack würde denn sowat machen, eh?« Ich wollte das Geheimnis gerade lüften, als der »Grau-Flanellene« gestreßt vorbeidüste und meine Kopfbewegung nicht mitkriegte. Zuerst warst Du stinksauer, aber dann kehrten Deine kleinen Lachfältchen an ihre gewohnten Plätze zurück, als Du glucksend ankündigtest: »Denn müssen wir eben schneller sein als der!« Ihr wart irrsinnig schnell, denn der Satz kam! Die Zuschauer trauten ihren Ohren nicht, aber nach kurzer Schrecksekunde ging es wie ein Aufschrei durch den Saal. Endlich hatte sich mal jemand getraut, Tacheles zu reden! Einen Tag später hat man Dir Deine Aufmüpfigkeit aber doch noch heimgezahlt. Du wolltest nur schnell mal in die Maske, doch da drang es triumphierend in Deinen Gehörgang: »Tut uns leid, Frau Hahnemann, aber ohne gültigen Ausweis ...!« Und was hast Du da gebrüllt, daß sogar der Redner in der Volkskammer zusammengezuckt ist? »Verfluchte Stasi-Burg!« Au backe! Ist doch klar, daß Du beim nächsten *Ball der Bestarbeiter* in eben diesem »Hochsicherheits-Trakt« Deinen Titel *Ich will raus* nicht singen durftest, weil man dahinter einen Anti-Mauer-Song vermutete. Daraufhin hast du ihn natürlich erst recht gesungen. Ach so, ja, Eure kessen Bemerkungen im *Kessel* hat man selbstverständlich bei der Wiederholung rausgeschnitten und alles schön sozialistisch glattgebügelt. Nur als Du dann wie eine »Furie« ohne jede Vorwarnung aufkreuztest und drohtest, halb Adlershof kaputtzuschlagen, da war's auf einmal wieder drin.

Den eenen bringt sein Glück fast um,
der andre hütet's ängstlich.
Und manche trampeln darauf rum –
bloß ick wart' lebenslänglich.

Wir hocken in Arndts engem Kabuff und lauschen atemlos seinem Demo-Gesang. Seine hohe Stimme hat, trotz der »eben nur so auf Kassette draufgeknallten Aufnahme« etwas Berührendes, das sofort unter die Haut geht, und da wir beide sowieso viel zu nah am Wasser gebaut haben, schnauben wir wie die Walrösser in unsere Tempos. Geht uns jedesmal so bei Arndts Titeln, entweder Du zickst sofort rum: »Nee, nee, dit is mir zu ›Karo einfach‹«, oder die Melodie packt uns auf Anhieb. Außer neulich, als er uns mit Eunuchenstimme vorgewimmert hat:

Ne Frau zu sein, ist Wahnsinn – weeß doch jeder!
Besonders, wenn man nicht ganz taufrisch ist.
Dit Schönsein wird ooch täglich immer schwerer,
denn jedes alte Haus kriegt mal 'nen Riß.

Da haben wir uns vor Lachen fast in die Hosen gemacht, und bei Hennes Partys war dieses Demo oft der Höhepunkt. Nee, aber Spaß beiseite, weißte noch, Hennekin, wie wir vom ersten Ton an im Plattenstudio unserer Weltfirma »Amiga« zum »Dienst« erschienen sind? Eigentlich völlig idiotisch: Texter und Interpret glucken hinter dem Komponisten – Du immer mit einem Korb voller Stullen, Wein und Äpfeln – und geben ihren »Senf« dazu: »Ick finde, hier an dieser Stelle müßte jetzt 'n geilet Saxophon röhren.« – »Ja, und hier wäre 'ne Mundharmonika super, als wenn eener uff'm Hof sitzt und spielt.« Ich glaube, Arndt mußte sich erst gewaltsam an die etwas unorthodoxe Art, Platten zu produzieren, gewöhnen, denn als der von ihm bestellte Mundharmonikaspieler anrückte und wissen wollte, was er zu spielen habe, zeigte er stumm auf mich, so wie: »Du hast es so gewollt, nun haste den Salat. Sieh zu, wie du dich da rausrettest!«

Der Not gehorchend, bin ich mit dem Musiker in eine Ecke gekrochen und hab ihm frei nach Schnauze etwas vorgejodelt. Zum Glück war der Mann ein Könner und hat mich auf Anhieb verstanden. Als er ging, hatten wir allerdings den Eindruck, daß er damit rechnete, daß die Türen keine Klinken haben.

Obwohl wir mit *Berlin, du bist die größte Nervensäge von der Welt* schon genug Ärger hatten, wolltest Du wieder ein neues Berlin-Lied haben. Arndt hat wütend auf sein Band draufgekeift: »Das ist – bei meiner Seele – mein alleralleretztes Berlin-Lied!« Heilige Einfalt! Vier Stück hat er insgesamt vertont. Das »Neue« begann mit Prosa, und Du mußtest ganz schön schnell quasseln, um nicht in den Refrain reinzuplatzen:

Tja, wat soll ick Ihnen von Berlin erzählen? Wir sind janz normal Verrückte, ham alle 'n Hund, 'n Vogel oder 'n Kater. Uff Arbeit klotzen wir mächtig ran. Die, die zu spät kommen, renn'n die, die früher jehn, fast über 'n Haufen. Außer mir haben hier noch janz andere Persönlicheiten ihr jeistiget Unwesen jetrieben. Als Dank hat man se in Stein jehau'n und uff Brücken und Pferde verteilt. Denn haben wir noch antike Statuen, haufenweise Touristen – von über'n Großen Teich und hinterm Mond –, einjelegte Mumien aus Ägypten, mittelalterlich restaurierte Kirchen und andre Restaurants. Alle sagen: Icke und wir ham 'ne große Schnauze! Mensch, die brauchen wir doch ooch, schließlich tragen wa unser Herz uff de Zunge!

100 mal hab ick Berlin verflucht,
100 mal weit weg mein Glück jesucht.
100 mal jeheult: Du machst mich krank!
100 mal jebetet: Jottseidank!
100 mal jesagt: Mit Dir ist Schluß.
100 mal kam ick von Dir nich los.
100 Pillen haun dajeg'n nich hin,
dit sitzt zu tief – dit sitzt hier drin!

»Und jetzt müßten mindestens hundert Glocken läuten!« Hab ich euphorisch gebrüllt. Wegen meiner unkompetenten Äußerung drehte der Tonmeister sich um und fragte sauer: »Vielleicht die Freiheitsglocke, was? Ich glaube an die Unantastbarkeit und die Würde ...« – »Würdet ihr bitte aufhören mit euerm unqualifizierten Mist, ja?«

Arndt, sowieso schon genervt von uns beiden »Einmischerinnen vom Dienst«, machte mir in schönstem Sächsisch klar: »Weder Gloggen noch sonst e Gebimmel, sondern e Leierkasten, basta!«

Aber ich war noch längst nicht abgekühlt: »Glocken haben sowas Feierliches, Erhabenes, wenn ick Sonntagmorgen mit meinem Hund im Wald spazieren gehe und die Köpenicker Glocken über die Schonung schwingen, da fühl ick mich richtig edel.«

Spätestens hier muß Arndt wohl der Kragen geplatzt sein, denn als wir beide am nächstenTag zum Termin erschienen – Du hattest diesmal sogar noch »Mon Cherie« in Deinem Korb und ich von Oma selbstgebackene Kekse –, hub Arndt zu folgender Predigt an: »Setzt euch, ich hab mit euch zu reden!«

Wir gehorchten prompt, mächtig gespannt, welche Ideen jetzt im Schwange waren, aber der Meister fuhr geschäftsmäßig fort: »Im Prinzip hab'sch nischt dagegen, daß ihr beede euch jeden Tag hier im Studio rumtummelt, aber eens möcht'sch mir energisch verbitten: euer ewiges Dazwischengequatsche! Außerdem: Du, Angela, schreibst de Texte, o.k., du, Helga, singst, alles prima, aber merkt euch gefälligst: Der Hitmacher bin ich, kapiert?«

Du hast während seiner Ansprache die ganze Zeit regungslos dagesessen und auf Deine Schuhspitzen geguckt, doch dann bist Du aufgesprungen, hast Deinen Korb geschnappt und heiser gesagt: »Komm, Gela!«

Und ab rauschten wir zwei »beleidigten Königinnen«, rein in Dein Auto, Du hast Gas gegeben, daß der »kleene Maz' 1« ob der Mißhandlung entgeistert aufheulte. Dann bist Du explodiert wie ein Vulkan: »So ein Idiot! Anstatt froh zu sein, daß wir so ein duftet Team sind, kanzelt der uns ab und macht allet kaputt! Na, der kann mich mal! Der sieht mich nie wieder!«

Icke, wie so'n Papagei: »Mich ooch nicht!«

Total vernichtet haben wir uns voneinander verabschiedet, zwei verzogene Gören, denen man ihr Lieblingsspielzeug geklaut hat!

Am nächsten Abend saßen wir – wie immer – putzmunter im Studio, kauten Eierbrötchen, und keine fünf Minuten, da schriest Du schon wieder mit vollem Mund los: »Nee, Arndtchen, dit is nich jut, an der Stelle brauch ick 'ne Pause, da mach ick nämlich so 'ne Armbewegung« – jetzt folgte die praktische Vorführung: Eine Runde Schattenboxen – »dit heißt, hier muß absolute Ruhe sein, da kann dein Rhythmuscomputer nich unentwegt weiterkloppen!«

Arndt ist in seiner ohnmächtigen Wut jedesmal auf den Korridor rausgerannt, da hatte er mehr Auslauf, und hat seine Fäuste in der Hosentasche geballt. Als angesehener Komponist konnte er ja wohl schlecht über uns herfallen und uns verdreschen, nicht? Weiß der Kuckuck, irgendwie hätte die »Bild-Zeitung« vielleicht Wind davon gekriegt und als Aufreißer gedruckt: »Sing, mei Sachse« – Platten-Millionär verprügelt »Zonen-Star!« Wenn er dann wieder ins Studio kam, um Jahre gealtert, hat er vor sich hingebrabbelt: »Du kriegst deine Pause! Aber nun ist Schluß!«

Es war nie Schluß! Immer haben wir ihn wieder rumgekriegt, sogar »meine Glocken« hat er an den Titel *100 mal Berlin* hinten rangebammelt und danach erst »seinen Leierkasten«.

Jetzt muß ich aber doch lachen, weißte noch, Hennekin, da

gab's doch dieses Foto von Arndt, auf dem er zusammengekrümmt wie ein alter Mann dasitzt, einen Zigarettenstummel in der Hand, und Du hast daruntergekritzelt: »Die beeden Weiber könnt'sch umbringen!«

»Um Gotteswillen, Neumännchen, wo wollen Sie denn da hin? Die Toilette ist doch auf der anderen Seite. Nein! Halt, Sie klettern ja aufs Fensterbrett! Zurück! Wenn Sie da runterfallen, das ist doch hoch!«

»Ist Ihnen nicht gut, meine Liebe?« Frau Neumann, die Kostümbilderin, hat ihre Nachttischlampe angeknipst und berührt sachte den Arm ihrer Kollegin und Bettnachbarin. Diese schreckt, als hätte sie eine glühende Zange gekniffen, zusammen und stammelt: »Sie sind hier? Im Bett?«

Neumännchen, sanft: »Ja sicher! Bin ich immer nachts.«

Wie von Monstern gehetzt blickt ihre Kostüm-Kollegin hechelnd um sich: »Aber, sind Sie denn nicht eben hier durch's Zimmer gehuscht, haben eine Zigarette gesucht, bevor Sie dann irrtümlicherweise aus dem Fenster steigen wollten?«

Die Neumann gähnt: »Quatsch, ich werd mich hüten. Hab eben geträumt, ich hätte im Lotto 'ne halbe Million gewonnen und war jetzt beim Verteilen ...« – die Worte bleiben ihr im Halse stecken, denn am Hotelfenster laufen zwei Männer vorbei, und das im fünften Stockwerk! Wie Ping-Pong-Bälle hopsen die Kostümtanten fast gleichzeitig aus den Betten, hin zum Fenster, tatsächlich, das gesamte Hotel trägt eine Rüstung, und da, die beiden Fassadenkletterer steigen von Fenster zu Fenster, mopsen vom Fernseh-Team, was ihnen unter die Finger kommt. Neumännchen hat ihre Handtasche an sich gerissen: »Mein ganzes Geld ist weg! Meine Papiere, mein Ring!«

Aus der anderen Ecke jammert's: »Meine Perlen-Ohrringe, mein Portemonaie, o Gott, o Gott, Hilfe! Überfall!«

Auch in den anderen Zimmern wird's jetzt hektisch, alles steht im Hemd auf den Fluren, kreischt, schreit durcheinander: »Räuber! Diebe! Polizei!«

Aber gerade die kann auf keinen Fall eingreifen, weil sie um 2 Uhr Ortszeit mit einem »schweren Fall« beschäftigt ist.

Aber ich fange am besten mit dem Anfang des »verbrecherischen Vorgangs« an: Zu einer Zeit, da Du Dich normalerweise noch ein paarmal im Bett umdrehst, hängst Du schon an der Strippe und sagst hastig: »Gela, Rolfi ist tot!«

Ich bin wie vom Donner gerührt: »Tot? Und wer spielt jetzt deinen Partner im *Kessel*? Heute fangen doch schon die Proben an.« Ja, es ist zum Kotzen, aber so knallhart ist Showbusiness. Erst die neue Besetzung, dann die Trauer. Die ganze Fahrt über nach Cottbus bist Du sehr still. Rolfs Tod hat Dich tief getroffen. Herbert Köfer ist schon in der Stadthalle. Eigentlich hat er Urlaub, aber für ihn ist es das Selbstverständlichste von der Welt, für einen Kollegen einzuspringen. Das heißt aber auch neue Proben, immer und immer wieder. Rolf und Du, Ihr wart bestens eingespielt, aber der arme Herbert beginnt bei Null. Daß er das überhaupt in so irrwitzig kurzer Zeit geschafft hat, na ja, alter »Theaterhase« eben. Abends bist Du jedenfalls fix und fertig, läßt Dich in der Hotelhalle in einen Sessel fallen und willst ein bißchen verschnaufen. »Silly«, eine junge Rock-Band, die Dir auf Anhieb sympathisch ist, hat Dir, der »großen Kollegin«, ganz schüchtern ihre neuen Musikaufnahmen mittels eines Walkman übergestülpt. Ich war leider nicht bei Dir, weil mir schon spätestens um 22 Uhr die Augen zufallen, deshalb hier Deine Aussage: »Stell dir vor, Gela, ick sitze mit Kopfhörern in der Halle, hör mir die unwahrscheinlich dufte Musik von ›Silly‹ an, uff eenmal stehen zwee Wachtmeister vor mir und baun ›Männchen‹. Ick hab freundlich wiederjegrüßt: 'n Abend Jungs! Hab ick falsch jeparkt oder wat? Die fanden dit aber überhaupt nich ulkig, sondern verlangten – und nu halt dich fest –, daß ick mich ausweise. Ick dachte, die wollen mich verarschen, wa? Polizisten können ja manchmal unfreiwillig komisch sein, eh. Hab ick's also mit Handschlag versucht: Hahnemann! Wie is et? Trinkt Ihr beede mit mir 'n Bier? Einfache, passive Bestechung! Damit war ick kriminell.«

»Bitte, folgen Sie uns aufs Revier.«

»Wer? Icke? Und wieso?«

»Wegen ruhestörenden Lärms!«

»Gloobste, ick dachte, ick spinne! Ruhestörender Lärm mit'm Walkman uff'm Dez! Grade wollt ick die Mädels anner Rezeption bezeugen lassen, daß ick die Ruhe selber war, als ick deren zujenagelte Jesichter seh. Nu war mir klar: Die hatten die Bullen jerufen! In Cottbus sitzt man nich bis nachts in der Hotelhalle rum, anständige Bürger haben jefälligst in der Falle zu liegen. Meine jute Stimmung war nu ooch schon etwas ramponiert, ick hab mich aus meinem Sessel hochjeschraubt, bin wie ein Stier, dem 'n rotet Tuch vor de Neese rumwedelt, uff alle beede zujestampft und hab jeschnaubt: ›Wat? Bloß uff't Revier wollt Ihr mich mitnehmen? Dit is doch ville zu wenig für so 'n Kapitalverbrechen, Jenossen! So 'ne Aussteigerin wie mich muß man doch glatt erschießen! Jawoll! Na, wat is, Jenossen?‹ Wie Jean d'Arc uff'm Scheiterhaufen hab ick dajestanden und jebrüllt: ›Holt Eure Kanonen raus, der Count down läuft!‹«

Mir ist ganz schlecht geworden von Deiner Erzählung. »Ja, und dann?« »Na, wat schon, die sind abjezischt!«

»Einfach so?«

»Klar! Du müßtest doch eigentlich wissen, warum. Paß uff: Bei Dienstbeginn hamse ›sechs Schuß scharfe Munition empfangen, bei Dienstschluß fehlt ›ein Schuß scharfe Munition‹! Weeßte, wat dit für eine elende Schreiberei jibt? Außerdem, ick gloobe, die hatten noch die ollen ›08-Zimmerflak‹, bei jedem zweeten Schuß Ladehemmung!«

Dann hat Deine impertinente Lache wieder das ganze Hotel aufgeweckt! Über sowas konntest Du Dich nun amüsieren!

Jeder, der über ein paar graue Zellen verfügte, sah selbstverständlich ein, daß wegen der »renitenten Person Hahnemann« die alberne Verfolgung »kleiner Hammeldiebe« nicht aufgenommen werden konnte. Außerdem, wer weiß, ob die »Fernseh-Heinis« sich nicht gegenseitig beklaut haben. Die Damen an der Rezeption haben jedenfalls für alle Fälle die Wäsche von der Leine genommen.

»Meine Güte, Helga, Du bist aber sehr erkältet.«

Unsere Oma kommt aus ihrem Zimmer, hat Hustensaft

und einen Löffel in der Hand: »Hier, nimm mal davon, dein Husten hört sich nämlich gar nicht gut an.«

»Weiß ich, Oma«, keuchst Du, schluckst aber gehorsam das klebrige Zeug, »wat meinste, wie dit auf der Bühne immer zieht, und ick bin doch jedesmal wie aus'm Wasser gezogen.«

»Ja schon.« Oma läßt trotzdem nicht locker. »Dagegen mußt du auf alle Fälle etwas unternehmen, sonst werden deine Bronchien angegriffen.«

»Sind se schon, Oma, leider.« Aber Du weißt, Oma ist eine halbe Ärztin, hat viel Erfahrung, und ihre Diagnose ist nichtmal so verkehrt. »Morgen jeh ick zum Arzt, Oma, biste zufrieden?«

»Ja, damit ist nicht zu spaßen.« Mit besorgtem Kopfschütteln verschwindet Oma in ihrem Zimmer. Du wickelst Deinen dicken Schal noch fester: »Jestern is mitten im Titel plötzlich meine Stimme wegjeblieben, kam nur noch Luft.«

»Mensch, Henne«, sage ich entsetzt. Du verdrehst Deine Augen.

»Immer muß gleich die janze Familie über einen herfallen. Jaaa, ick tu wat.«

Hast Du tatsächlich, einen Tag später stand fest: »Ick hab Knötchen an meinen Stimmbändern, muß int Krankenhaus.«

»Ist das 'n schlimmer Eingriff?«

»Ach, überhaupt nich. Hat jeder große Sänger schon hinter sich«, ulkst Du rum. »Wird ambulant jemacht, dit Handicap is nur, ick darf danach acht Tage lang nich sprechen.«

Nach der Operation hast Du uns dann in Zeichensprache erklärt: Alles o.k., verheilt prima, Du fühlst Dich wie neugeboren, dann eine ›kritzelnde Handbewegung‹: Hast Du schon was Neues geschrieben?

»Himmel, Arm und Zwirn, ich dachte, daß ich mal 'ne Woche Ruhe hätte.«

Du wackelst mit Deinem Zeigefinger: »Denkste, Puppe.«

Als Du vom Hof fährst, sagt Oma zufrieden: »Na, das war ja mal ein ruhiger Nachmittag.«

»Was wolln wir 'n hier?«

Du stehst am Fenster im *Hyatt Atrium* in Budapest, siehst gelangweilt auf die Donau und hast diese Frage eben vor Dich hingemurmelt.

»Was wir hier wollen? Uns ein paar Tage erholen, dumme Zulle.«

Ich bin schon beim Auspacken, in Gedanken fiedelt mir schon ein Zigeuner bei Schweinspörkölt und Ungarwein schwermütige Weisen ins Ohr.

»Na ja«, seufzt Du, »denn ruf ick jetzt Nelly und Tibor an.«

Neben der durchgestylten Nelly mit ihrem Hut, so groß wie ein Wagenrad, sehen wir wie echte Landeier aus. Trotzdem empfangen uns beide, als kämen wir schnurstracks von der *Metropolitan* mit »Ischtanem rättätä, kössenem sepem« und überschwenglichen Hand- und Sonstwohin-Küssen. Nelly und Tibor – von Nelly »Tibäkä« genannt – sind in Ungarn und auch in der ehemaligen DDR sehr bekannte Unterhaltungskünstler, haben unter Aufbietung aller Nebenberufe ein Haus am Gellertberg gebaut, besitzen einen herrlichen Boxerhund – »Romeo«, der »dasselbe frißt wie wir« –, führen uns zunächst in »ejnen Wejnkeller, der, wejßt Du, Liebling, mejne Schwager gehört.« In einem wirklich urigen, alten Gewölbe haben wir uns mit ungarischen Spezialitäten den Wanst vollgeschlagen und als Nachtisch den obligatorischen Strip einer ... »no, ejentlich sie ist schon Groß-Oma, aber hat sie kejn Geld, verstehst Du, Liebling?«

»Dafür hat se aber noch 'ne knackije Fijur«, wurde Großmütterchen von Dir gelobt, als sie mit ihrem »ab 'nen« BH an uns vorbeiwedelte.

Der nächste Schuppen hieß *Maxim* und bot eine »Internationale Show«, angefangen mit Frau Direktor, die sich vor einem jungen Tiger wollüstig herumwälzte, bis zu bedauernswerten zwölf jungen Damen, die vorne zwar nackt, hinten aber Ungetüme von Klamotten wie Seesäcke hinter sich herschleiften und trübe auf die paar Gäste im Saal herabsahen. Aber nur zwei Sekunden lang, dann nämlich kam ein glucksender Laut von Dir – und eine riesige Lachsalve, ja,

Du hast die Girls einfach angelacht und hochgerufen: »Hallo Mädels, wie jeht's? Blöder Job, wat?« Die haben zwar kurz gestutzt, dann aber gelacht, wie junge Dinger eben lachen und den Raum mit ihrem unbändigen Gekicher erfüllt, ich glaube, Frau Direktor wird hinter der Bühne einer Ohnmacht nahe gewesen sein.

Gegen Morgen landeten wir in »ejne Kinstler-Keller, wo sähr älägante Gäsällschaft verkährt«. Es dauerte nicht lange, da wußte jeder in dieser illustren Runde, wer Du bist, und bat mit ungarischem Charme die »gnädige Frau um ejne ejgene Titel«. Na, Du hast Dich, mit mindestens einem Liter Tokaj intus, nicht lange bitten lassen, ein anderer Tibor griff in die Tasten und Du begannst mit »american slang«: *I Can't Give You Anything but Love*, letzteres hörte sich bei Dir immer an wie »bot lof«, aber Du standest darauf, die »berühmten Kinstler« waren bereits auf den Stühlen und klatschten mit, bis – tja, bis zu der Stelle, an welcher Du, laut Alfons' Spezial-Arrangement, zu singen hattest: *Jetzt kommt Dein Süßer – Kuckuck – Happy Birthday to You.* Piano-Tibor kam total aus dem Konzept, so etwas hatte er im Leben noch nicht gehört, aber Du hast gelacht: »Machen wir für heute Schluß, wat?«

Die »älägante Gäsällschaft« war rein aus dem Häuschen, dachte, das muß so sein, geleitete uns zur Taxe, nur Tibor mußte noch seine Gage bekommen, Nellys Tibäkä hat ihm schnell noch ein Sümmchen in sein Sakko gestopft, weil »aus Spaß an der Freude in Ungarn spielt kejn Mensch nicht«.

Vier Wochen später sind Nelly und Tibor Gäste in Deiner Show im Palast der Republik. Nelly und Du in einer Marilyn-Monroe- und Jane-Russel-Parodie, ein absoluter Über-Gag, wenn Du den Umzug von einer Rolle in die andere geschafft hättest. Nelly, als »Jane« – im Gegensatz zu Dir hatte sie nur den einen Auftritt –, stand längst schon nervös sprungbereit, aber »Marilyn« kam nicht, obwohl die ersten Takte der Musik schon eingespielt wurden. Da packte Nelly der Ehrgeiz, denn »bej uns in Ungarn es hejßt ›The Show must go on‹«, wie von einem Katapult abgeschossen, hopste sie auf die Bühne und sang und tanzte euer Duett ohne Dich. Sie hatte ihre Kußhändchen noch gar nicht ganz weggeworfen, da hast Du sie Dir schon vorgeknöpft: »Hör zu, Nelly, wenn ick eines hasse, denn so 'ne Eigenmächtigkeiten. Warum ziehst du eigentlich so 'ne miese Nummer ab, obwohl dit hier 'ne Aufzeichnung ist? Ick schaff den Umzug nich, also haste jefälligst zwee Minuten zu warten, is dit klar?«

Nelly schluckte nur und schlich in ihre Garderobe. Am nächsten Tag – wir haben zweimal aufgezeichnet, jedem Mitarbeiter war klar, daß wir für kurze Zeit unterbrechen mußten –, stand Nelly natürlich schon wieder »gestiefelt und gespornt« auf der Bühne, während Du Dich noch in das »Hautenge« preßtest, da muß Nelly mit Adleraugen den Direktor vom Friedrichstadt-Palast in der ersten Reihe erspäht haben, jedenfalls sprang sie wie ein Panther erneut auf die Bühne und brachte zum zweiten Mal ihr »Duett for one«.

Ich habe sie nachher nur noch mit bebenden Schultern, laut schluchzend aus dem Haus laufen sehn. Du mußt fürchterlich gewesen sein.

Wieder ist *Ein Kessel Buntes* angesagt, wieder bist Du das »Parade-Pferd«, und wieder lungern wir abends im Hotel herum, sehen nach dem Proben-Streß wie Hundertjährige aus, trinken uns allmählich »schön«, warten wie bei jeder Sendung, daß wir weitermachen dürfen. Nicht saufen! Senden! Deshalb hocken wir am Übertragungsort, die arme Evelyn, unsere Chef-Redakteurin, hockt in Berlin, und wenn sie wiederkommt, wissen wir, ob die »Heilige Aufnahme-Crew« uns wohlwill – oder nicht. Du trinkst Weißwein, ich auch, erst hat er mir die »Knopflöcher« zugezogen, aber jetzt schmeckt er. Wir sitzen am Tisch, Ballett an der Theke, und dort drüben lärmt eine Sänger-Truppe, die »From Coast to Coast« heißt, Engländer, knackige Jungs und Top-Girls, außerdem nicht so verbissen wie wir, sie scherzen miteinander, na ja, eben »Undergivener of Her Majesty«. Wir, als »gelernte DDR-Bürger«, haben sowas nicht nötig, unsereiner zeigt »Contenance«.

»Lebt wohl, Ihr Zwerge, Ihr geliebten Triften –«
Henne als »Heilige Johanna«

»… die Tüte is bloß Probe! Ph, so 'n popliget kleenet Ding …«

»Gaby muß langsam uffhören, die trinkt zu viel«, sorgt sich Fernando, ein »Richtiger« unter den Tänzern, damals noch mit der schönen Solistin Gaby verheiratet.«

»Jeht in Ordnung!« versprichst Du ihm. Ich möchte mal wissen, wie Du das bewerkstelligen willst? Etwa das Glas aus der Hand reißen und befehlen: »So, Mädel, ab mit deinem Ollen in die Heia!?« Ich schleiche Dir hinterher, man will sich ja ständig weiterbilden, und höre, wie Du den Keeper zu »schlimmen Sachen« überredest, nämlich: »Ein Glas Selters!«

Der schüttelt sich: »Pur?«

»Zitrone rin, aber ordentlich!« Der Barmann quetscht und gießt, mit den Marotten der Fernseh-Bagage soll sich ein anständiger Mensch nun auskennen: Erst kübeln wie die Weltmeister, und wenn's ans Bezahlen geht, am liebsten nüchtern sein, die Geizhälse.

»Gabichen, sieh mal, wat Henne hier hat«, flötest Du vor Gabis glänzenden Augen.

»Aaah, Gin Tonic!« Die Schöne greift zweimal in die Luft, bevor sie das Glas von Dir erwischt, dafür möchte Fernando sie am liebsten übers Knie legen, aber Du schiebst ihn sanft zur Seite und raunst ihm zu: »Laß se doch, Eierkopp, sollst mal sehn, inner Stunde is die wieder fit wie 'n Leistungssportler. Prost, Gaby!«

»Prost, Henne.«

»Wie schmeckt dir der Gin-Tonic?«

»Toll.«

»Auch nich zu stark?«

»Nö, grade richtig.«

»Wenn de noch mehr willst, brauchste bloß dein leeres Glas hochzuhalten.«

»Henne, du bist Klasse. Du hast als einzige 'n Herz für Ballett!«

»Und seine ›Suff-Elsen‹«, brabbelst Du, aber das hört Gaby nicht mehr, sie sitzt auf irgendeinem Schoß, schwatzt wie aufgezogen und »gintonict« sich nüchtern. Alle zehn Minuten hält sie – schwankend wie ein Blatt im Winde – ihr Glas hoch und bekommt von dem Keeper die nächste Ladung »reines Gift«!

»... wir weinen nicht, das ist bloß Cracke – cracke – cracke – · crying.«
Henne und Precious Wilson im »Kessel Buntes«, 1981

Als die arme Evelyn, bleich wie die Söderbaum auf dem Grunde der Moldau, eintrifft, ein o.k. meldet und vor einem Bier zusammensackt, sind wir bereits beim dritten Lied unseres Singe-Wettbewerbs, angestiftet von den »United Kingdoms« und lautstark vorgeführt von Dir. Von wem sonst! Die Boys and Girls begannen mit ihren Folksongs, nichtahnend, daß Dir – weil Du ja mit Abitur behaftet bist – in der Schule auch einige dieser »schwarzhumorigen Songs« eingetrichtert wurden, von *My Bonny liegt über dem Meer* bis zu *Clementine*, die so winzige Füßchen hatte, daß sie »Ölsardinenbüchsen without Topses« tragen mußte. Im Moment allerdings stoppt der Sänger-Streit, weil Dir, trotz angestrengter Hirnwäsche, kein Lied mehr einfällt. Wie »auf der Rasierklinge sitzend« glotzen wir Dich alle an: »Na los, komm schon, komm schon, sing, sing, Henne!«

Nix! Von der »Dover-Side« hört man förmlich: »Ätsch, we are the Champions!«

Da gehen sie mit mir durch. Als ich aufspringe, weiß ich noch nicht, wie dieser dämliche Song losgeht, den die olle »Miss Longleg« uns in der siebenten Klasse eingepaukt hatte, aber ich springe erstmal und stehe da wie die Freiheitsstatue, der alle Sicherungen durchgebrannt sind.

Endlich fällt es mir wie Schuppen vom Kopf, ich kreische schrill wie ein Martinshorn los: »Three blind mices«, drei blinde Mäuse, kuck mal, wie sie laufen, »see, how they run«, ich fege in sämtliche Ecken, zeige mit »entsetztem Finger« auf meine »weißen Mäuse«, die rennen alle hinter der Bauersfrau her, keife ich im Verfolgungswahn, greife mir ein stumpfes HO-Messer, blicke wirr um mich, »who cuts off their tales with a carving-knife«, das Weib schneidet allen die Schwänze ab, den Männern graust's, sie trauen mir alles zu, aber ich bin inzwischen flink wie eine Bergziege auf meinen Stuhl geklettert, verkünde noch einmal mit spitzem Schrei: »Three blind mices« und stelle fest, daß Du Dich unterm Tisch vor Lachen krümmst. »Haben wir gewonnen?« will ich – noch mit dem Messer in der Hand – wissen. »Yeah!« grölt es von der »drümschen Seite« – »that was great!«

Nachher im Fahrstuhl hattest Du Dich noch immer nicht beruhigt: »Wie du ausjesehn hast, Gela, mit deinem blauen Hemde und der Ente uff'm Bauch!«

»Da kann man mal sehn, so also bezeichnest du meinen silbergestickten Paradiesvogel!«

Noch Jahre später, wenn wir wieder mal so richtig »abgelatscht« waren, hast Du mich in die Seite geboxt. »Gela, ›three blind mices‹.« Und schon war die Welt eine Lache lang wieder in Ordnung.

»He, geh mit deinen Fingern aus dem Kochtopf raus, du bekleckerst dir noch dein Kostüm.«

»Mann, ick hab seit heute früh nischt jegessen!« Bums, warst Du mit den Pfoten wieder drin im Topp. »Bloß 'n kleenet Stückchen, ja?«

»Denn nimm dir wenigstens 'ne Gabel, Frau Nationalpreisträgerin!« In Deiner feierlichen Robe, Lackschuhe und die rote Mappe achtlos in die Ecke gepfeffert, sitzt Du an meinem Küchentisch und ißt ungeniert Gulasch aus dem Kochtopf. Zwischendurch dann Dein Kommentar zur eben stattgefundenen Nationalpreisverleihung: »War jerammelt voll da, lauter ›Helden der Arbeit‹, von Hacke bis Nacke mit Orden vollgejappt, haste mal 'n Schluck zu trinken? Danke. Künstler waren bloß Gisela (Steineckert) und icke, und natürlich bloß dritte Klasse, wat ick mache, is für die doch ›Afterkunst‹, dafür jibts nich mehr. Au, is dit scharf! Peperoni, wa? Hat Stunden jedauert, bis wir dran waren.«

»Erzähl doch mal, was hat er gesagt?«

»Wer?«

»Na, er!«

»Ach so, ja, iiih, jetzt hab ick wat im Zahn drin, 'n Zahnstocher brauch ick!« Den mußte ich erst suchen, fand ihn zwischen den Spielsachen von meinem Enkel David. Dann Du, in Deinen Zähnen rumpolkend: »Er hat jesagt: Weiter so, auch im persönlichen Leben, und hat mit mir anjestoßen.«

»Wo hast 'n die Medaille?«

Du, mit Deinem Kopf bereits im Kühlschrank: »In meiner Handtasche. Hmmm, Salat, hat Gerd jemacht? Schau, mit Knoblauch, darf ick?«

»Bitte bitte, wirst nachher drei Meilen gegen den Wind stinken.«

»Na und? Die Feier is doch vorbei. Manche warten ja schon jahrelang!«

»Auf Knoblauch?«

»Blödi! Auf ihren Nationalpreis. Immer, wenn se denken, nun sind se endlich dran, rutscht wieder 'n Anwärter vonner Blockpartei dazwischen. Die haben nämlich ooch 'n Kontingent an Nationalpreisen.«

»Du bist doch in überhaupt keiner Partei.«

»Eben! Deshalb bin ick ja ooch schon so hornalt, eh. Eigentlich hätt ick's ja wie die Stars in Amerika bei der Oscar-Verleihung machen müssen, so mit Publikumsbeschimpfung uff der Bühne losheulen: ›Bißchen spät, ihr verdammten Ignoranten! Verdient hab ick den Preis schon, da habt ihr noch inne Windeln jemacht!‹ Pfui Deibel, Soße! Jeht dit raus?«

»Warte, mit warm Wasser.«

Nun schrubbeln wir beide an Dir rum und Du grinst: »Als Se vorhin reinkamen, haben Se janz nett ausjesehn!« (Henne, in Ihrer Szene als freche Kellnerin.) Wir lachen, wir albernen Gänse, der Fleck geht wirklich nicht raus.

»Weeßte wat?« Du siehst mich spitzbübisch an. »Den Preis versaufen wir! Arndt, du und ick!«

»Bist du verrückt? Man kann doch soviel Geld nicht versaufen!«

»Ja, dit is wahr, essen müssen wir natürlich ooch. Ick weeß ooch schon, wo!«

Im *Grand Hotel.* Nobel-Herberge, Diners-Club, Eurocards, Präsidenten-Suite, Lounge, Lobby, VIPs, für DDR-Bürger mit »Ost-Mark« – Pardon, »Mark der DDR« – off limits! Normalerweise. Aber für »Very Important Persons«, die soeben einen Nationalpreis abgefaßt haben, wird unter Umständen schon mal eine Ausnahme gemacht.

Der »nette Herr Henderson«, Hotelmanager (der Name muß nicht stimmen, aber irgend so 'n »alter Schwede« war es jedenfalls), überreichte Dir einen unverschämt großen Teerosenstrauß und führte uns in die Empfangshalle. Dort durften wir in den Clubsesseln Platz nehmen und – welch angenehmes Kribbeln im Bauch – wie »echte Wessis« zum Fenster rausgähnen. Danach liftet uns der »nette Herr Henderson« in die »höhere Etage«, ins Restaurant *Silhouette*, und legt uns in die trinkgeldgeschulten Hände des Maître d'Hotel. Dieser wiederum dirigiert mit eleganten Handbewegungen ein ganzes Heer von Ober- und Untergebenen, deren Bestimmung einzig und allein darin zu bestehen scheint, uns einen Stuhl unter den Hintern zu schieben. Da harren wir nun, steif wie auf einer Beerdigung, total irritiert, daß außer uns noch andere Krösusse den teuren Schritt in diesen Devisen-Tempel gewagt haben, und sprechen vor Schreck hochdeutsch. Vorhang auf zur Vorsuppe »Oxtail clear, mit Kräutern der Provence und Wachteleiern«, wir stellen ergriffen fest: Schmeckt wie Tütensuppe! Auf Samtpfötchen nähert sich jetzt ein schöner Mensch im dunkelroten Anzug, um den Hals trägt er ein buntes Ordensband und daran bammelt eine silberne Kelle. Gerade will ich dem »Kellengeschmückten« erzählen, daß wir bei unserem letzten Betriebsausflug auch so ein Band um den Hals hatten, nur mit einem Schnapsglas dran, damit jeder sein eigenes Glas, – da trittst Du mir derart gegen mein Schienbein, daß ich die Engel im Himmel singen höre. Bloß gut, daß wenigstens Du Dich in den vielen Weinsorten, die der »Mundschenk« Dir vorschlug, auskanntest. Arndt und ich, wir hätten doch glatt das »1967« bei dem Vino blanco für den Preis gehalten: 19,67 Mark! Wie auf dem berühmten »Traumschiff« nahten die Ober nun im Gänsemarsch mit den zugedeckten Schüsseln. Wie kleine Kinder, die erwartungsvoll auf den Sack des Weihnachtsmannes stieren, verfolgten wir stumm, wie die »Käseglocken« gleichzeitig hochgerissen wurden, um in Entzückensschreie über die »Muh« und die »Mäh« auszubrechen. Es gab, glaube ich, sechs Gänge, oder? Jedenfalls haben wir bis um Mitternacht geschmatzt, gestöhnt und gerülpst. So ein Preis ist eben trotz der Preise nicht so leicht zu verprassen. Gegen 2 Uhr hatten wir die Tanzfläche nur für uns und unsere »Charaktertänze«. Die Musiker, die wir natürlich kannten, fingen schon an zu mosern: »Wollt ihr nicht endlich abhaun? Wir müssen nur wegen euch hier noch fiedeln!« Gegen 4 Uhr begleitete uns der »nette Herr Henderson« bei einem leicht schwankenden Rundgang durch die Pracht-Suiten. Wir dufteten wie die Kokotten, denn überall stand »Nina Ricci« rum. Nur auf Deine vorlaute Bemerkung, »so 'ne Zimmerflucht hier kann doch höchstens 'n millionenschwerer Waffenhändler bezahlen, eh!« schwieg sich der »nette Herr Henderson« aus, Du hattest nämlich den Nagel auf den Kopf getroffen! Gegen 5 Uhr haben wir die wütende Kapelle weiterbelästigt, jetzt durften sie nämlich nur noch *Don't Make My Brown Eyes Blue* spielen, das wir mit unserem Gesang versauten. Gegen 6 Uhr machten wir die arme Pianistin, die die Pausen der Band überklimperte, zur »Minna«, indem Du sie vom Hocker zoddeltest: »Komm, mach mal hoppchen, meine Kleene, und laß 'n richtigen Spieler ran, eh!« Das war Arndt. Also malträtierte der nun den Flügel, denn Du hattest »den Blues«. Sogar *Wo is mein Jeld bloß jeblieben?* hast Du verjazzt, was selbst Ella Fitzgerald schwergefallen sein dürfte. Nun kriegten alle Kellnerchen noch Sekt, auch die Pianospielerin, die das Spektakel als »einmaliges Erlebnis« empfand, dafür mußten aber auch alle den Background mitgrölen. Gegen 8 Uhr wurde im Wintergarten unter Palmen das Sektfrühstück serviert. Ich war total erledigt, Arndt fix- und fertiggespielt, der »nette Herr Henderson« sah aus wie das »Leiden Christi«, bloß Du warst – wie immer – putzmunter und hast den Kaviar mit Löffeln gemampft. Mitleidig war Dein Gesicht, als Du feststelltest: »Junge, Junge, ihr könnt aber ooch rein jar nischt vertragen!«

Eine echte Plage war die Zensur in den Medien. Kaum war ich mit einem Text fertig, kamst Du sofort angespurtet und hast ihn vor meinen Augen überflogen. Dann dieser Blick, wie man seinen Filius ansieht, wenn er schon die dritte Fünf nach Hause gebracht hat, und Dein strenges: »Sowat hier krieg ick doch nie im Leben durch: ›Sie leben völlig an den Realitäten unseres sozialistischen Lebens vorbei, wie schaffen Sie Glückspilz das bloß?‹ Jeht nich!« Dein roter Filzstift quietscht über das Manuskript. Ich bin natürlich wieder mal auf Hundert, gifte Dich an: »Kannst du mir mal sagen, was ich überhaupt noch schreiben darf?«

»Sex! Dit jeht immer!«

»Blödsinn, *Topp-Musike* ist doch kein Porno-Schuppen.«

»Gela, stell dich doch nich so an, du weeßt schon, wat ick meine. Man muß ihnen die Wahrheit zwar um de Ohren haun, aber jut verpackt, zum Beispiel in Reizwäsche. Lies dir bloß mal die Leitartikel durch, bei dem schönen Parteideutsch kommt einem doch der Kaffee hoch. Wir haben zwar inner Schule jesagt: Man gewöhnt sich an allem, sojar am Dativ, aber am Parteihochdeutsch werd ick mich nie jewöhnen.«

Ich also sämtliche Parteiblätter gewälzt und für Deine Show *Helga, wie sie leibt und lebt* einen Rap-Gesang geschrieben:

Genossen. Ausgehend von unserem Dialog: ›Weiche Betten, harte Devisen als Basis eines gutfunktionierenden Alltagslebens‹ gibt der Palast bekannt: Um die Wünsche der Bürger kundenfreundlich in hoher Qualität zu befriedigen, bringen wir mit Entschlossenheit zum Ausdruck, die Arbeit auf dem Gebiet der Bevölkerungsleistungen zu intensivieren und die Feierabendbrigade ›Geisha, die Butterfly für den Hausgebrauch‹ ins Leben zu rufen. Hier unser Kampfprogramm: Wie Gott in Pankow soll der Mann sich fühlen! Genossinnen! Beim Erfahrungsaustausch mit japanischen Alleinunterhalterinnen wurde zum Ausdruck gebracht, daß der Mann nicht zu unserem sozialistischen Feindbild gehört, sondern als Dienstleistungsapparat zum beiderseitigen Nutzen in Anwendung gebracht werden soll. Auf diesem Bewährungsfeld wird jedoch kein Rationalisierungsvorhaben angestrebt, sondern eine kontinuierliche Stabilität und Dynamik gefordert. Bei Verbesserungsvorschlägen sollten die ›Unteren Organe‹ ihre Kontrollfunktionen besser ausüben!

Das Ding ging natürlich echt in die Hosen, Du hast es nie gebracht. Allmählich hatte man auch nicht mehr die Kraft, um jeden Schiet zu kämpfen! Was sagst Du? Spinne? Na schön, sagen wir mal so: Versucht haben wir's immer wieder. Weißte noch, wie sich eines Tages in den sonst so gähnend leeren Wild- und Geflügelläden auf einmal Kartons über Kartons mit Wachteleiern stapelten? Morgens mußte man schon 'ne Stunde früher aufstehen, weil man schließlich zum Frühstück mindestens zwanzig von den Mini-Eiern zu pellen hatte. Die logische Folge dieses Delikatessen-Angebots war der Song:

Wachteleier!
So 'n kleines Ei gibt sehr viel Kraft!
Selbst unser Opa hat's nochmal geschafft!

Wachteleier sind ein Genuß. Wenn Sie se in die Pfanne reinschlagen, nehmen Se zehn mehr, weils man se suchen muß!

Nach der Wende hast Du den Titel manchmal als Zugabe gebracht, und ich dachte jedesmal: Mein Gott, irgendwie müßte man den Menschen vielleicht die damalige Situation erläutern, aber komischerweise war das gar nicht nötig, jeder wußte Bescheid, und kaum hattest Du angefangen zu singen: »Wachtel…« kam prompt der Zuschauer-Chor: »…eier!«

Du und Dein Publikum, ihr wart ja sowieso wie eine Großfamilie. Ich erinnere mich an eine Vorstellung bei den »Wühlmäusen«: Ein ziemlich angesoffener Mann hielt Dir seine Schnapsflasche hin und quakte dauernd dazwischen: »Los, Helga, trink mal eenen!« Erst hast Du lachend drüberweggehört, aber als der Kerl Anstalten machte, mit seiner Pulle auf die Bühne zu robben, hast Du Dein Konzert unterbrochen und zwei Zuschauer gebeten: »Jungs, tut mir mal den Jefallen, klemmt ’n Euch unter ’n Arm und trinkt mit ihm draußen ’n Bier, ja? Uff meine Rechnung, is klar!« Die beiden haben das auch gemacht, es war wie ein Befehl von Muttern, der »Volle« ist im Foyer sanft entschlummert, und die Vorstellung lief weiter wie Öl!

Du meine Güte, wenn ich noch an Dein erstes Konzert in der Berliner Philharmonie denke, vorher sind wir x-mal um dieses seltsame Gebilde Karussell gefahren, und Du hast ehrfurchtsvoll draufgezeigt: »Dit isse!«

»Oh Gott, die ist ja noch größer als der ›Lampenladen‹«.

»Riesig! Soll aber ’ne Super-Akustik haben.«

Ich wollte Dir Deinen ungeheuren Mut nicht nehmen, aber mir war bange wie Gretel, die ihren Hänsel schon verbraten sieht. Allein schon der Name *Philharmonie*, der strotzt doch regelrecht vor »Viel Harmonie«, Klangkörpern, Beethoven, Karajan und Anne-Sophie Mutter. Und nun Du. Mit Rudi Richter. Berlin-Sextett – letzte Nacht noch im *Café Keese*. Und Paule und Rainer, und alle spielen nich nur, sondern singen auch. Klingt wie Autohupen! »Hast Du keine Angst, Henne?«

»Klar, wat denkst Du denn? Aber, die Philharmonie is nu mal der direkte Weg zur Carnegie Hall, eh!«

Arndt und ich, wir hatten unsere Beobachtungsplätze auf dem »Olymp«. »Il Sassone« (der Sachse – so wurde Händel in Italien genannt) war auch nervös wie ein Rennpferd, eigentlich hätten wir beide in die »Notaufnahme« gehört. Unser Herzbubbern wurde geradezu unerträglich, als wir feststellen mußten, daß der Saal bis auf den letzten Platz besetzt war. Und alles Leute in Abendgarderobe, mit Klunkern, Rolex, Bauchbinde, eben diese verfluchte Wohlstandsgesellschaft, kennt man ja, cool bis in die Knochen, »alles ›Einarmige‹«, hab ich Arndt zugeschlottert. Der hat nur verkrampft genickt, dachte aber wohl ebenfalls: »Das kann ja heiter werden!«

Rudi intonierte »Jetzt kommt die Süße«, ganz ordentlich übrigens. »Nicht wahr, Arndt? Klingt schau!« Und noch ehe

Du überhaupt zu sehen warst, setzte ein solcher Begeisterungssturm von diesen ganz und gar nicht coolen Zuschauern ein, sie begrüßten Dich ganz locker: »Hallo Helga, endlich sieht man Dich mal live-haftig. Bloß jut, daß se Dich rüberjelassen haben, sonst hätten wir Erich v'leicht wat erzählt!«

Und Du, amüsiert: »Na, da hättet ihr aber lange reden können, seit der verkalkt is, hält er sich doch für 'n Denkmal!«

Die Zuschauer bogen sich und forderten Dich auf: »Mensch Helga, bleib doch einfach für immer hier!«

»Spinnt ihr? Ick hab 'ne Ranch in ›Beauty-Oak-Village‹, in Schöneiche, eh! Außerdem bin ick Mutter von zwee Katzen!«

Danach hast Du Deine Lieder angestimmt und alle, alle haben mitgesungen. Die Frau, die neben mir saß, hat mich erstaunt gefragt: »Woher kennen Sie denn alle die Texte?«

»Ich hab keine Ahnung.«

»Aber Sie singen doch auch alles mit!«

Ich, stolz wie 'ne Schülerin, die im Schreiben 'ne Eins bekommen hat: »Tja, weil ich die Texte geschrieben habe.«

Oft hatten Dich die Kritiker als »kalauernde dicke Frau in einer bunten Kittelschütze« bezeichnet. Wie schlecht die Dich doch kannten. Das muß man sich mal vorstellen: Nachdem Du wie ein Kugelblitz über die Bühne getobt bist, setzt Du Dich an die Rampe, singst im nächsten Moment – nur von einem Spot beleuchtet – das Lied von einer alten Frau, die ihrem Mann auf dem Friedhof von ihren Sorgen erzählt, und im Saal würde man eine Stecknadel fallen hören:

So lange sitz ick nun schon ohne Dich auf dieser Bank.
Du hast es hinter Dir und Deine Ruhe, Jottseidank.
Du fehlst mir ofte, Karl, dit merk ick leider viel zu spät.
Ick brauch doch einen zum Reden, dem ick sagen kann,
wie's 'ner alten Frau so jeht.
Bei uns zu Hause, Karl, is allet noch jenau, wie Du's
verlassen.
Der Hans wollt Deine Uhr, doch ick laß keinen ran an
Deine Sachen.

Ick komm mir manchmal vor wie 'n Regenschirm,
der janz verjessen in der Ecke steht.
Ach Karl, dit ist kein schlechter Platz,
wo's heute bloß um Jeld und Autos jeht,
da biste sonst im Weg.

Die Kinder? Tja, wat soll ick sagen?
Die hab'n sehr wenig Zeit.
Und ick kann Bahnfahren nich vertragen,
Du weißt, die wohnen sehr weit.
Der Piepmatz is noch da und singt jenau wie eh und je.
Er und die Mieze sind die einz'gen Menschen,
die ick täglich seh.

Ick komm mir manchmal vor wie'n Regenschirm,
der janz verjessen in der Ecke steht.
Ach Karl, bis jetzt hat – außer'm Hund,
der immer Gassi jeht – sich keener nach mir umjedreht.

Ick weiß nich, wat dit is,
ick sitze oft janz faul bloß rum und döse,
find meine Brille nich, dabei – wirst lachen –
sitzt se uff de Neese.
Die Enkel sind schon groß,
die schreiben mir ab und zu 'ne Karte.
Die brauchen nich mehr Omas Schoß.
Ick frag mich ofte selbst, uff wat ick warte.

Ick hab so manche Nacht jejrübelt – über unser Leben
hin- und herjedacht.
Ach Karl, obwohl wir beide nie wat Weltbewegendet
vollbracht –
Wir habens schon jut jemacht.

Dit war's mal wieder, Karl,
Ick wünsch uns beiden eine ruhije Nacht
und das ick auch bald sagen kann:
Mein Gott, es ist vollbracht.

Ick werde hier janz still und ohne viel Brimborium
verschwinden
und Dich, mein Brubbelkopp, da oben
oder in der Hölle finden.

Denn hier komm ick mir vor wie ’n Regenschirm,
der janz verjessen in der Ecke steht.
Ach Karl, ick will nich jammern,
weil’s dir auf de Nerven jeht,
doch besser wars zu zweet.

Nachdenkliche Stille bei den Zuschauern, aber noch bevor sie ihre Taschentücher wieder einpacken können, reißt Du sie aus ihrer Trübsal: »Mensch, ick kann Euch doch jetzt nich in so ’ner traurigen Stimmung verlassen, los, Kinder, jetzt singen wir alle zusammen: *Jetzt kommt Dein Süßer*!«

Fröhlich wie auf einer Dampferfahrt schunkelt alles, singt den Refrain und brüllt zum Schluß, überhaupt nicht fein: »Hugooooo!«

»Dufte, ihr seid ja die reinsten ›Fischer-Chöre‹«, hast Du anerkennend jesagt. »Euch nehm ick in Zukunft mit uff Tournee!«

Ruft eine Frau vom Rang runter: »Mann, da wird Karajan aber neidisch sein, Helga!«

»Karajan«, kam es von Dir höchst verwundert, »wer issen Karajan?«

»Berliner sangen bei ›Big Helga‹ begeistert mit!« schrieb die Presse euphorisch. »Big Helga« – irre, bisher kannten wir nur »Big Apple, Big Ben und Big Wim«. Ich habe gar nicht erst Deinen Auftrag abgewartet, sondern gleich losgeschrieben:

Big Helga – dit klingt super, nich?
Wat sag’n Se? Größenwahnsinnig?
Wieso? Wat Größe anbetrifft – ’ne 46 is wohl nischt?

Pfiffig hatten unsere »Kultur-Ministranten« zugeschlagen und einen neuen Preis ausgeheckt, die *Goldene Amiga*, eine

Art »Grammy«, made in GDR. Die Trophäe, ein echtes Designer-Glanzstück, sollte wohl die Weltkugel darstellen, umzingelt von »Amiga-Connections« – an wackelnden Drähten aufgespießte Mikrofone. Mich hat das Monstrum mehr an einen überkandidelten Hut der Queen beim Pferderennen in Ascot erinnert. Verliehen wurde der Preis an Interpreten, die bei der Weltfirma Amiga ihre Platten produziert und mehr als 200 000 Tonträger verkauft hatten. Kurioserweise gab es nur diese eine Firma, und alles, was Schlager sang und produzieren wollte, hatte die Wahl: Entweder bei Amiga oder gar nicht.

Vor der Verleihung gab es in Berlin als »Opening« eine Pressekonferenz: Der erste Reporter, der uns ins Auge fiel, war »Extra-Dreier« Hans-Jürgen Börner, dessen Sendung wir immer heimlich geguckt, viel bewundert und nie erreicht haben. Bloß, Florett war noch nie unsere Sache, wat, Hennekin? Wir haben immer mit schweren Säbeln um uns gedroschen. Prompt kam auch gleich »Börnis« Frage: »Frau Hahnemann, sind Sie der Meinung, daß Sie die *Goldene Amiga* verdient haben?« Du, im Brustton tiefster Überzeugung: »Ja, Sie etwa nicht?«

Alles hat, soweit es bei abgebrühten Reportern möglich ist, gegrinst, auch der Börner hat lachend beteuert: »Das habe ich damit nicht sagen wollen, Frau Hahnemann.«

Karl-Marx-Stadt, mit Kunst nicht allzusehr verwöhnt, bis auf den Riesenklopper von Marx-Büste und die alljährlichen Interpreten-Wettbewerbe in der Stadthalle, war Schauplatz des Spektakels. Im Hotel hing auch schon alles, was Rang und keinen Namen hatte, an der Tagesbar, um sie später ordnungsgemäß gegen die Nachtbar auszutauschen. Obwohl dieses Etablissement höchst unpraktisch zu erreichen war: Außen lang hundert Meter über die Straße, im Winter mußte man wohl oder übel blau sein, um diese Exkursion gesund zu überstehen. Bei einer *Topp-Musike-Show* hatten wir uns doch auch mal dahin verirrt, das halbe Ballett war damals dabei. Na, und wie Weiber so sind: Wenn sie müssen, dann müssen sie alle, also landeten wir geschlossen mit viel

Gekicher in der Abteilung für »Damen«. Beim Rausgehen trauten wir unseren Augen nicht: Da saß ein altes, gebeugtes Großmütterchen im weißen Kittel, hielt ihre Hand auf und sah der Hahnemann verdammt ähnlich!

»Los, Ihr Huppdohlen, jede 'ne Mark her!« hat die »Alte« befohlen und das Geld der »echten« Klofrau auf ihren Teller geschüttet.

Nun saßen wir – ich wie immer, Du »amigapreisverdächtig« – beim Mittagesen. Bis zu diesem Zeitpunkt hast Du noch nicht gewußt, daß Alfred Müller die Laudatio für Dich halten wollte. Sollte eine Überraschung werden, Alfred hatte sich strengste Geheimhaltung ausgebeten. Doch dann kam dieser »Supermann« von einem Aufnahmeleiter, pflanzte sich an unseren Tisch, breitete seinen ausgewichsten Ablaufplan über Deinen Suppenteller und erklärte Dir seine Standpunkte: »Paß uff, Helga, Du kommst von hier, gehst da lang, denn da, denn so lang, bis hier, und da bleibste, jut?«

»O.k., und wann jeh ick los? Jibst du mir 'n Zeichen?«

»Nee, wieso? Alfred sagt dich doch an!«

»Wat für 'n Alfred?«

»Na, Müller! Sag bloß, dit weißte nich? Dit is ja lustig, sämtliche Kollegen sind uff'm Trail, um zu verhindern, daß Alfred dir inne Arme looft, und unsre Henne ahnt nischt davon!«

Alfred war stinksauer, ist gleich nach der Zeremonie wieder abgereist. Olle Alfred! Du, der muß Dich sehr gern gehabt haben, daß er sich – als ernsthafter Schauspieler – von Dir sogar zur »Klamotte« überreden ließ. Zugegeben, manchmal zähnefletschend, wie bei der »Richter-Szene«. Immer wieder hat er kopfschüttelnd rumgemäkelt: »Wat soll ick denn daraus bloß machen, Menschenskind? Dieser Richter ist doch ein ausgemachter Trottel!«

»Eben«, hast Du verschmitzt gesagt, »so 'ne Rolle liegt doch eigentlich jedem Mann, oder? Los Alfred, probier doch wenigstens mal.«

Diese Szene hab ich inzwischen mindestens hundert Mal gesehen, aber sie ist bis heute für mich – neben »Dinner for one« – das Nonplusultra der Komik. Du bist Spitze, wie immer, besonders die Klamotten, die Du Dir aus dem Fundus zusammengesucht hattest, mit dem blödsinnigen Topfhut, zum Schreien! Aber wie der Alfred sich an seinen Richtertisch klammert und wie ein Rhesus-Äffchen hinter der Brille nervös mit seinen Äuglein zwinkert und sich während des gesamten Klamauks übermenschlich zusammenreißen muß, um nicht über Dein »einfältiges Hoppe-Gesicht« vor Lachen zu platzen und trotzdem einigermaßen sachlich zu fragen:

»Ihr Name, Angeklagte?«
»Hoppe.«
»Ihr Alter?«
»Na, ooch Hoppe.«
»Sie sollen mir Ihren Geburtstag sagen.«
»Wozu denn, Herr Jerichtsvollzieher, Sie schenken mir ja doch nischt.«
»Ich hatte Ihnen doch schon beim letzten Mal gesagt, daß ich Sie hier nicht wiedersehen will!«
»Dieses hab ich die Herren von der Polizei ja auch mitjeteilt, Hochwürden, aber die haben mir ja nich jeglaubt.«
»Ich begreife nicht, wie eine ›Gestandene Frau‹ wie Sie …«
»Oh, oh, oh, bis jetzt hab ick noch nischt jestanden, Herr Scharfrichter! Sie halten mir wohl für blöde?«
»Nein, Angeklagte, ich halte Sie nicht für blöde, aber auch ein Richter kann sich irren.«
»Ick möchte überhaupt mal wissen, wat dit Jesetzbuch mir vorwirft. Ick lebe schließlich in jeordnete Verhältnisse.«
»Aber nur sechs Monate lang, dann haben wir Sie vorzeitig entlassen.«
»Ja, wegen Justizirrtum!«
»Versuchter Raub, steht hier!«
»Ach, Raub! Wir sind ja gleich wieder raus aus dem Juwelierladen, weil mein Oller seine Brille und die Pistole jar nich bei sich hatte. Wegen dem Schussel mußten wir doch nochmal hin.«
»Also, wenn ich mir Ihr Vorstrafenregister so ansehe …«
»Und warum, Ehrwürden? Weil das Ei des Damokles immer die Falschen trifft. Nehmen Se mal dieses Jebäude hier,

dit reinste Labyrinth. Mein Alter is erst nach einem Jahr wieder zu Hause jekommen, weil er sich vergangen hatte.«

»Ihr Mann hat leider auch immer nur schlechten Umgang gehabt.«

»Na, na, na, Herr Oberster, mein Mann hat immer nur mit Polizisten und Richtern verkehrt.«

»Nun mal zum Hergang der Tat: Sie haben am Fünften des Monats den in Ihrem Haus wohnenden Mieter Neumann mit einem Gegenstand auf offener Straße verprügelt. Stimmt das?«

»Natürlich offene Straße. Sollt ick mir 'n Palast mieten? Aber Schlagen mittels Gegenstand, dit stimmt nich.«

»Also haben Sie ihn geohrfeigt?«

»Ach wat, der Hund hat 'n paar uff de Schnauze jekriegt.«

»Was denn? Welcher Hund?«

»Ach, der doch nich. Ick schlage doch keen unschuldijet Tier, Herr Jeheimrat. Neumann! Wejen Lehmann! Neumann hat behauptet, daß Lehmann in unsern Hausflur jeschissen hat.«

»Den Haufen nehmen Sie sofort zurück, ja?«

(Und hier ging sein Hämmerchen kaputt, sauste über den Richtertisch und fiel Henne vor die Füße. Jubel beim Publikum, und auch Du, Henne, konntest Dich mal wieder nicht beherrschen, hast gegackert wie – na ja – wie eine Henne eben.)

Richter: »Dürft ich mal um meinen Hammer bitten? So, Sie haben das Wort, Angeklagte, aber drücken Sie sich etwas gewählter aus.«

»Na schön, denn hat Lehmann eben seinen Stuhl in den Hausflur jestellt. Aber ick kann beschwören, daß nich Lehmann, sondern Neumann sein Picasso für die Schweinerei zuständig is!«

»Dieser Mieter Neumann besitzt einen Picasso?«

»Jawohl, Euer Ehrenwort, aber bloß so 'nen kleenen, mickrijen, ne Handvoll mit Schwanz .«

»Bei Picasso handelt es sich also um einen Hund?«

»Wat dachten Sie denn, Herr Schiedsrichter? 'n Schlagersänger?«

»Und wer ist dieser Herr Lehmann?«

»Dit ›Herr‹ können Se weglassen, einfach bloß Lehmann. Zu dem Boxer unter mir sag ich ooch bloß ›Kules‹, obwohl den seine Olle ihn immer mit ›Herkules‹ anquatscht.«

»Nun, Moment mal, Sie bestreiten also, daß der Herr Kules – äh – Herr Lehmann, dieser Hund, nicht derjenige welcher war, sondern Neumann, weil er einen gefälschten Picasso hat ...«

»... so isset, Herr Staatsmacht. Um die Zeit, wo der Heini Neumann sich seinen Picasso untern Arm klemmt und zu sein Stammbaum looft, sitzen Lehmann und ick bereits schon an unserm Stammtisch – bzw. liejen darunter ...«

»... und halten die Schnauze – also die von Ihrem verehrten Herrn Hund – damit Lehmann sich nicht in Selbstjustiz an Neumann – Paragraph 1, Absatz II, Strich 4 – vergreifen kann.«

»Alle Achtung, Herr Sachverständijer, von Ihrem Hundeverstand könnte sich so manchet Herrchen 'ne Scheibe abschneiden.«

»Ein Richter ist ja schließlich kein Autodidackel, mal so gesehen, ist ja auch egal. Aber hier steht noch, daß Sie unter Einwirkung von Alkohol standen.«

»Das ist eine ganz infame Injurie, Herr Oberrichter. Schön, ick hatte Erbsen, und da brauch ick immer so 'n kleinen Verteiler; wenn Sie wollen, jeb ick auch zu, daß ick 'n kleenen Schwips hatte, aber Einwirkung auf Alkohol auf keinen Fall!«

»Also schön, Frau ...«

»... Hoppe.«

»Frau Hoppe-Hoppe. Dann verurteile ich Sie auch nicht zu sieben Tagen Freiheitsentzug, sondern nur zu einer Woche.«

Ja, Du und Alfred, ihr wart in gewisser Weise ein richtiges Traumpaar. Ich sehe euch noch wie heute in der Friedrichstadt-Palast-Revue *Hallo Berlin 7–5–0* als »wanderndes Volk« mit einem vergammelten Planwagen auf die Bühne kommen, Du als Zugpferd, Alfred auf der Karre hinten drauf. Mitten im Morast, von Mücken halb aufgefressen, habt Ihr dann angefangen, »Berlin zu gründen«. Du mit Deinen langen, blonden Zottelhaaren und dem beschmadderten Hemde. Isolde, die Dramaturgin, stellte sehr richtig fest: »Henne sieht aus wie Brigitte Bardot, die in eine Mülltonne gefallen ist!«

Sag mal, warst Du nicht während der ganzen Spielzeit mit Dagmar Frederic zusammen in einer Garderobe? Klar! Auch nicht so einfach, wenn zwei »hochdekolletierte Koniferen«, wie Traudl sagen würde, sich monatelang auf der Pelle sitzen, oder?

»Meine Stimme ist weg!« hatte Dagmar Dir beim Abgang von der Bühne zugeflüstert.

»Ach Quatsch, die wird schon wiederkommen.«

»Begreifst du nich, du blöde Kuh, ick kann nich mehr singen!«

Jetzt lief Dir aber doch die Galle über: »Blöde Kuh, du blöde Kuh? Ick bin hier der Star, also hab jefälligst mehr Respekt, ja?«

»Du und 'n Star? Kann ick ja nur drüber lachen.«

»Ja, lach man, aber paß uff, daß dir deine verlorenjejangene Stimme nich im Halse stecken bleibt!«

So reizend plaudernd seid ihr den Gang zur Garderobe langgepest, habt euch wutentbrannt beide durch die Tür gezwängt und – immer weiter mit Pfeilen schießend – für den nächsten Auftritt umgezogen. Halbe Stunde später war alles wieder Friede, Freude, Eierkuchen, zwei starke Persönlichkeiten, die sich den Luxus leisteten, ab und zu mal auszuflippen, um im nächsten Moment in einem »Vater-Mutter-Kind-Sketch« zusammen mit Alfred ihrem Affen Zucker zu geben:

Mutter: »Les mal vor, wat de in deinem Aufsatz schon jeschrieben hast.«

Kind: »Noch jar nischt, Mensch.«

Mutter: »Hör mal, dir wird doch wohl wat über deine Mutterstadt einfallen.«

Vater: »Mutterstadt? Berlin is immer noch die Vaterstadt von dit Kind!«

Mutter: »So? Denn spricht et wohl ooch nich in seine Muttersprache, sondern quatscht dämlichet Zeug in seine Vatersprache, wat?«

Kind: »Warum heißt'n dit eigentlich nich Vatersprache?«

Mutter: »Weil ein Vater nischt zu sagen hat. Schreib weiter!«

Vater: »Schreibste: Berlin wurde vor 750 Jahren chronisch entdeckt, und zwar von ...«

Kind: »... Columbus!«

Vater: »Wie kommste denn uff Columbus? Wenn schon, denn natürlich eener aus't sozialistische Lager: Marx und Engels!«

Mutter: »Nur hör aber uff, Hugo, man kann die beeden ja nu nich allet inne Schuhe schieben!«

»Dit is die Hannemann?«

»Hahnemann!«

»Is doch ejal, aber wie 'ne berühmte Entertainerin sieht se nich aus!«

Meine aus Frankfurt frisch eingeflogene Schwester war grausam enttäuscht, als Du mit Deinem bunten Kaftan, einen Turban um die nassen Strupsen gewickelt, durch den Garten geschlurft kamst. Deine Hausschuhe hatten nämlich auch die Größe eines Geigenkastens, solche dicken, pummligen Dinger. Erst als Du sie dann begrüßt hast: »na Evchen, sag bloß, ick bin Dir nich schön jenug?«, da hat mein einfaches Schwesterherz überwältigt gestrahlt: »Aber nett isse. Und die Stimme, die hab ick sofort erkannt.«

Siehste, Hennekin, und darauf wollte ick jetzt hinaus: Ursprünglich sollte das Buch nämlich »Henne, the voice« heißen. Was sagste? Ich bin verrückt? Klar, weiß ich doch. Auch, daß man Frank Sinatra diesen Beinamen schon verpaßt hat, aber – und das ist jetzt keine Hochstapelei – Deine Stimme ist auch unverwechselbar, einmalig, wenn Du so willst.

Menschenskind, wir haben es doch oft genug getestet: Ungeschminkt, in Deinen Schlampi-Anzügen konntest Du stundenlang durch Berlin latschen, ohne daß Dich jemand er-

»Schlampi-Anzug – Handtuch um de Omme – so fühl ick mich super!«

kannt hat. Aber sobald Du Deinen Mund aufmachtest, vielleicht nur »Morjen, Morjen« in die Gegend krähtest, war das Chaos perfekt! Alles drängelte sich an Dich heran, mußte unbedingt mit Dir quatschen. »Frau Hahnemann, wir haben Sie gestern im Fernsehen gesehn, na, Sie trauen sich ja wat!«

»Frau Hahnemann, mein neun Monate alter Sohn is 'n ganz großer Fan von Ihnen. Sowie der Sie im Radio hört, sitzt er still auf seinem Töpfchen und sagt: ›Da!‹« Auch alle Verkäuferinnen waren Fans von Dir, bis auf die muffeligen beiden in Friedrichshagen, die Dir die Scampis mit einer solchen »Fresse« abwogen, als handele es sich um Deine Henkersmahlzeit. Sowas konntest Du absolut nicht verknusen, deshalb hast Du sie aufgemuntert: »So, meine Tauben, nun hab ick hier bei Euch so viele leckere Sachen einjekauft und 'ne schöne Stange Jeld hierjelassen, nu möcht ick dafür aber ooch 'n nettet ›Dankeschön‹ von Euch hören und 'n kleenet Lächeln sehn. Sowat müßta fleißig üben, Kinder, sonst kriegt Ihr nämlich Rost an Eure Mäulchen!«

Henne, weißt Du noch, wie Du einen Kraftfahrer, der Dir einen »Vogel« gezeigt hat, strahlend angelacht hast? Daraufhin ist der total ausgerastet, hat Dir zugebrüllt: »Du blöde E-Tussi, mach bloß, det De mit Deine Rostlaube aus de Stadt verschwindest, Du hast doch noch Kuhscheiße an Deine Jummistiefel!«

Trotzdem hast Du es nie aufgegeben, fremden Menschen, denen es auf der Stirn geschrieben stand, daß sie am liebsten alle erwürgen täten, entwaffnend zuzulachen: »Kinder, dit Leben is so kurz, vertragt euch doch bloß. Schade um jeden Tag, wo man nich wenigstens eenmal gelacht hat!«

Was meinste, jetzt, da ich hier alles, was ich über Dich weiß, aufschreibe, hab ich auch »so manche Nacht jegrübelt, über unser Leben hin- und herjedacht«, und eines weiß ich ganz sicher: Sowas wie Dich gibt's nicht wieder, und es war auch eine ganz glückliche Fügung, daß ich Dich kennengelernt habe – halt –, ich muß sagen, daß wir drei uns kennengelernt haben, Arndt hatte uns schließlich »Trio Wahnsinn« getauft, und wer uns einmal bei der Arbeit beobachtet hat, weiß, daß das noch milde ausgedrückt war.

»Gela, ick kann nich mitkommen nach Dresden, bin heute Nacht meinen Führerschein losjeworden, wegen Alk.«

»Ach, du Donnerwetter! Und wieviel Promille hattest du?« Viel, denn Du klingst mächtig kleinlaut am Telefon.

»Weiß nich. Schuld waren ja die blöden Scheinwerfer.«

»Ach ja? Sonst schluckt doch bloß dein Motor.«

»Hör uff«, kommt es weinerlich, »mir is nich nach Witzen zumute.«

»Denkste, mir? Um zehn Uhr haben wir einen Termin in Dresden.«

»Weiß ick. Kannste nich mal 'n bißchen netter sein? Wat denkste, wie beschissen ick mich fühle.«

»Hoffentlich nich 'n Jahr lang!«

»Unsinn, spätestens morgen is der Suff doch wieder raus.«

»Ick meine doch die ›Pappe‹«.

»Damals haben se se sechs Wochen einjekloppt. Warum habe ick Kamel bloß verjessen, Licht einzuschalten?«

»Ach, ohne Licht bist du auch noch gefahren?«

»Ja – nein, mit Standlicht, weil ick doch über die Grenze mußte.«

»So voll?«

»Janz leer. Morjens um drei Uhr ist doch kaum eener da. Na ja, und in der Leipziger, da standen se. Haben mich ooch janz freundlich begrüßt: ›Ach, die Frau Hahnemann, und nur mit Standlicht. Wie kommt denn das? Haben wir vielleicht Alkohol zu uns genommen?‹ Ick hab die ganz treuherzig anjeguckt und jeschworen: ›Aber nich doch, Leute, ick bin so trocken, daß et staubt, wenn ick spreche.‹ – ›Na fein‹, haben die sich schadenjefreut, ›dann können wir ja auch ruhig hier mal reinpusten, nicht wahr?‹ und haben mir ihre olle bunte Tute hinjehalten. Tja, und dit wars dann.«

»Wollen wir nicht mit der Bahn nach Dresden fahren?«

»Ach, wat denkste denn, wo ick jetzt überall hinrennen muß? Ick brauch doch dit Auto, kann doch nicht nach ›Las Wurzen‹ mit dreimal umsteigen fahren. 'n Fahrer brauch ick!«

»Nimm mich doch.«

»Dich? Nur im Notfall. Sei nich sauer, aber Du fährst doch höchstens schlappe vierzig km/h.«

Dann eben nicht. Ab jetzt warst Du nur noch klinkenputzend unterwegs, hast gebettelt, versprochen, Eide geleistet, ich mußte von einem Tag zum anderen ein Lied für einen Kameradschaftsabend umdichten, aber nach vier Wochen warst Du immer noch »mittels per zu Fuß«. Einmal hat Rudi Dich zu einer »Mugge« kutschiert, aber, wie's der Deibel will, gleich gegen ein Wildschwein. Und Du warst traurig! Nein, nicht wegen der Beule, das arme Schwein tat Dir so leid.

Ein paar Tage später dann Dein Anruf: »Gela, fährst du heute mal?« Aha, der Notfall war schon eingetreten. Er fing aber ganz harmlos an, in Form eines Geburtstages, Nero

Brandenburg und Frau Regina hatten uns zu einem »Marjellchen« mit eigener Kneipe gebeten. Von Nero wußten wir früher nur, daß er beim Rias ist, daß dieses Wort »Rundfunk im amerikanischen Sektor« bedeutet und »ein feindlicher Hetz-Sender« ist. (Nichtsdestotrotz hat meine Tochter als Siebenjährige regelmäßig gehört: »Der Onkel Tobias vom Rias ist da«, durfte sie in der Schule natürlich nicht erzählen, kein Kind tat es, obwohl alle »den Onkel« kannten.) Um so erstaunter waren wir eines Nachmittags, als – inmitten der Verhetzung – Dein Titel *Jetzt kommt Dein Süßer* erklang, und zwar auf Platz eins der »Rias-Schlagerparade«. Noch dazu von Nero ganz lieb angesagt, so, als hättet ihr als Kinder schon zusammen auf'm Hof gespielt. Tja, da waren wir echt platt! Du hast daraufhin mit ihm telefoniert, ja?

Telefonieren ging ja komischerweise, falls man bei 849 durchkam – reiner Zufall –, aber immerhin. Nero hat dann auch eingefädelt, daß Du bei Joe am Wedding ein Konzert geben konntest. Dein erster toller Erfolg im Westen, und Nero war von da an »Dein Nero«, ist ja klar.

»Hmm, schmeckt dit schön! Davon will ick dit Rezept haben ...«
Henne an einem ihrer »Diättage«

Jedenfalls saßen wir in der Mommsenstraße, und diese »dralle Ostpreußin« hatte mit ihren »masurischen Kalorienbombern« sofort Deinen Geschmacksnerv getroffen. »Hmmm, schmeckt dit schön! Marjellchen, davon will ick dit Rezept haben, und hiervon ooch.« Und nach jedem Gang kamen die »kleinen Verteiler« dran und »die Verteiler für die Verteiler«, dann war's bereits nach Mitternacht.

»Henne, wollen wir nicht langsam aufbrechen?« hab ich vorsichtig bei Dir angetippt.

»Aufbrechen? Wohin?«

»Wird Zeit«, finde ich. Ah, jetzt dämmerte es bei Dir, daß ich nicht mehr richtig »ticke«, hast mich neugierig, als wäre ich eine seltene Raupe, angeglotzt und »Marjellchen« gefragt: »Sag mal, habt Ihr hier 'n Ruheraum für Kraftfahrer?«

Als diese verständnislos um sich sah, zeigtest Du grinsend auf mich: »Für die Alte hier, die jeht nämlich sonst immer schon mit ›Sandmännchen‹ int Bette. Haste nich? Denn jib ihr 'n Kaffee, nee, lieber 'n Mokka, damit se wieder zu sich kommt. Tsss, jetzt will die schon jehn, is doch 'n anjebrochener Vormittag, eh.«

Ich habe den Mokka geschlürft, danach einen Kaffee, noch mal Mokka, dann raus an die Luft, die Mommsenstraße immer rauf und runterspaziert. Um drei Uhr kam mir eine ältere »Horizontale« entgegen, begrüßte mich kollegial: »Schönen guten Morgen. Na? Noch nich Feierabend?« Und immer, wenn ich mich »Marjellchen« näherte, hörte ich schon von weitem Deine riesige, ansteckende Lache. Bloß ich war dagegen immun, kannste wissen. Als ich wieder einen Versuch wagte, Dich dort loszueisen, warst Du gerade von Deinem Stuhl aufgesprungen, hast Dich über den Tisch zu dem »napoleonverdächtigen« Heinrich Lummer (Lummer war auch Gast dort, weil Regina früher seine Frau war, verstehen sich aber trotzdem noch dufte. Jetzt war er allerdings mit einer Blondine dort, Theologin mit weltlicher »Marlene«-Frisur), ja, hast Dich zu ihm gebeugt und gekreischt: »Los, steh uff, Heinrich, wir beede verloben uns jetzt!«

Heinrich, erstaunlicherweise ziemlich nüchtern, erhob sich ebenfalls gutgelaunt und küßte »die Braut«.

»Aber eene Bedingung, Lummi«, hast Du weiterlamentiert, »ick will in Weiß heiraten, und mein Brautkranz muß hinten zu sein, weeßt doch, ick bin Jungfrau!«

Den Rest der Nacht habe ich draußen verbracht, denn drinnen waren die Luft und meine Kopfschmerzen unerträglich. Ganz plötzlich kamst Du dann rausgeschliddert, immer vor Dich hinbrabbelnd: »Wo ist denn mein Kraftfahrer, dieser Esel? Immer Ärjer mit den Domestiken! Ach, da kommt er ja anjewankt, und ooch noch doppelt! So, wo fahren wir jetzt hin?«

»Nach Hause.«

»Kommt nicht in Frage, wir ziehen jetzt noch um die Häuser, basta.«

Ich dachte: Laß sie mal erst einsteigen, die beruhigt sich schon. Denkste! Schon nach ein paar hundert Metern: »Halt mal an!« Scheibe runtergekurbelt und ein Pärchen auf der Straße befragt. »Hallo, kennen Sie die Frau, die hier neben mir sitzt?«

Beide bücken sich, betrachten mich wie im Zoo, schütteln die Köpfe: »Nö, nie gesehen!«

Du: »Sehn Se, ick auch nich! Die hat sich einfach in mein Auto jesetzt und kariolt mit mir irgendwohin!«

Ratlos sieht das Pärchen sich an, zuckt zusammen, als Deine Lache losbellt: »Ciao, Ihr zwee, macht's jut, und steht nich zu lange im Hausflur!«

Am Grenzübergang springt jemand mit Riesensätzen auf uns zu: Lippi. Er sieht aus, als hätte er gerade im »Bingo« gewonnen und überfällt uns mit einem Wortschwall: »Henne, Gela, Mann, ick bin ja sowat von happy, alle drei Sendungen sind super anjekommen, hier, die Kritiken«, nun holt er haufenweise Papierschnipsel raus, »ick wäre wie Gottschalk, is dit geil, eh? Ick mußte Euch dit einfach sagen, weil ick mich wie Hans im Glück fühle! Aber, euch beide hab ick auch lieb, eh! Tschööö!«

Olle Lippi. Lacht, daß seine Ohren Besuch kriegen, hopst wie ein Böckchen zu seinem Auto.

»Wo jibst 'n noch wat zu trinken?« gähnst Du.

»Bei mir zu Hause.«

Flasche und Glas neben Dir, sitzt Du auf der Erde, den Kopf gegen einen Sessel gelehnt, lachst glucksend und quäkst: »Erna kommt, Erna kommt wieder mal, Erna kommt ...«

Also, 'ne Show beginnt so: Vormittags um 11 Uhr, mitten in der Nacht, ruft 'n Produktions-Boß bei mir an: »Hallöchen, Künstlerin, es ist mal wieder Show-time«, singst Du in einem Deiner Lieder. So ein Schmarren! Hatte ich mir das ausgedacht? Muß ich wohl einen »Black-out« gehabt haben. Nee, nee, 'ne Show beginnt jedesmal so:

Du sitzt in Deiner Küche und ... was sagste? »Uff eenmal kloppt's?« Nein, Telefon klingelt. Ich sage, daß ich in zehn Minuten bei Dir bin. »Kaffee läuft!« Deine Antwort. Nun heben wir Pitti und Mauzer vorsichtig vom Manuskript (erste Fassung) runter und fangen an – zu spinnen:

Große Showtreppe – Big Band – Super-Chor – Jazz-Ballett – noch witzigere Szenen – dolle Partner – irre Kostüme – internationale Stars – kurzum: Las Vegas ist dagegen eine provinzielle Schüleraufführung. Wir trinken Kaffee, schwelgen in Licht, Farbe, Musik und – da bimmelt wieder das Telefon, die Kostümbildnerin: Für das Ballett können keine Kostüme angefertig werden, weil kein Geld da ist. Sie wird sehen, was im Fundus noch so rumliegt. Bums! Wir streichen die weißseidenen Glitzeranzüge und den Pailletten-Kopfputz. Weiter im Lied:

Große Sitzung wegen Besetzung. Wir denken an: Barbara Streisand mit *Wo is mein Jeld* in englisch, Dustin Hoffmann als Sporttante »Ilse Gürtelschnalle«, J.R. und Alexis mit einem Sketch: »Wer anderen eine Grube gräbt, stößt auch auf Öl!«

Ja, nun kommen wir der Sache schon etwas näher, wir müssen uns bloß noch erkundigen, ob die Flieger in Tegel oder in Schönefeld – Moment –Telefon. Der Produktionsleiter. Er hat alles versucht, unsere ganze »Wunschliste« rauf und runter. Keiner kann. Und die, die können, werden sowieso schon Tag und Nacht über den Adlershofer Sender gejagt, vom »Oberhofer Bauernmarkt« bis zum »lieben Pittiplatsch«. Na ja, uns bleiben ja immer noch unsere einheimischen Interpreten. Zuverlässig und pflegeleicht. Du wärmst unsere Kartoffelsuppe auf und sagst: »Im Grunde jenommen heul ick den Top-Stars keine Träne nach. Klar, is schon schön, wenn et in der Sendung mal 'n bißchen nach ›Große, weite Welt‹ duftet, aber gloobste, ick bin jedetmal stinksauer: Unsereener hat rund um die Uhr im Studio zu sein, is fix und fertig uff de Ketten, soll aber in der Show frisch und knusprig wie 'ne Bäckerschrippe aussehn, und die Stars kommen fünf Minuten vor der Show, werden von der Bänkerin mit dem Valuta-Köfferchen herzlich in bar empfangen, lassen kurz ihr Vollplayback einspielen, halten ihren Fummel vor die Kamera und werden bis zum Auftritt wieder int Hotel jefahren. Wie Milva damals im *Kessel*, fliegt ein mit Managerin und Tochter, zeigt ihr Kleid der Superlative – wo jeder kleene Ost-Singezahn einfach abstinken muß – und verschwindet mit ihrem Troß.« Plötzlich lachst Du wie ein freches Gör: »Weeßte noch, wie Karel Gott im Palast auftauchte, im cognacfarbenen Ledermantel und mit seinem Koffer in der Hand? Gilli, die Kostümbildnerin, erblickt ihn und schreit begeistert auf: ›Nein! Der ist ja Wahnsinn!‹ Darauf der Regisseur: ›So? Ick finde, der wird auch nicht jünger.‹ Gilli, sauer: ›Ich spreche ja nicht von Gott, sondern von seinem tollen Koffer!‹ Jedenfalls: Silly is ooch jut!«

Nächste Strophe: »Von J.R. und Alexis kommt eine Anfrage an einen gewissen ›Mr. Hennemann‹, wo die Ranch DDR überhaupt liegt. Also wird die nächste Kulturpreisstufe angepeilt: Der Bruder der Maskenbildnerin hat einen Opa, der Ähnlichkeit mit Sammy Davis jun. hat, der Cousin vom Tonmeister hat 'ne Tochter im Fleischkombinat, die wie Milva singt – bloß höher – und wie Inka aussieht – nur breiter. Der Aufnahmeleiter kennt in seinen Lokalkreisen einen ausgebufften Magier, der in seinem Betrieb schon die unglaublichsten Sachen hat verschwinden lassen.«

Hm, ganz so fürchterlich ist es nicht geworden, im Gegenteil, wir holen den Sänger Miro Unger vom Flugplatz ab, das ist doch auch schon was. Du fährst wieder mal wie der Teufel, es ist heiß, alle Fenster sind offen, Miro ist höflich, obwohl ihm vom Zugwind fast die Ohren abfallen. Auf Deiner

Terrasse kurze Einweisung von Dir: »Hier ist die Bühne, dort dit Publikum, da stehen belegte Brötchen, nu los! Kannste deinen Text?« Miro schluckt und nickt. Hat wahrscheinlich mit einem netten Plausch gerechnet oder einer Abkühlung im Pool, aber Du kennst kein Pardon: »Paß uff, ick komme als Elvira – fürchterlich uffjedonnert – anjerannt und brülle: ›Willy! Himmeldonnerwetter, bist Du denn mit dem bißchen Abwasch noch nicht fertig?‹«

Miro schlurft von der anderen Seite heran, aber Du unterbrichst: »Halt, Miro, noch nicht. Erst hört man dit Jeräusch von der Klospülung, du warst nämlich gerade, verstehste?«

Versteht er.

Ich mache: Achtung! Spülung! Jetzt! Miro schlurft wieder los.

»Na endlich! Immer, wenn man Dich braucht, bist Du auf irgendeiner Sitzung. ... Wat is, Miro? Du bist dran!«

Miro stottert: »Du rauchst nicht?«

»Jib mal her, steht dit bei dir so da?«

»Ja, hier!«

»Zeig! ... Quatsch! ›Du brauchst mich?‹ steht hier. Ick denke, du kannst deinen Text?«

»Kann ich auch!«

»Na jut, denn spiel hier nicht den Analphabeten. Also?«

»Du brauchst mich, Elvira?«

»Dich natürlich nicht, aber deine Brieftasche.«

»Habe ich dir nicht gestern erst Geld gegeben und dich gebeten, mir einen neuen Piranja zu kaufen?«

»Pyjama, Blödi! Piranja! Eeen Biß und weg war se.«

»So, und die andere Summe, die ...«

»He, du hast 'ne Pause, ick bin dran.«

»Ach ja, ich erinnere mich an diesen schrecklichen Anstaltskittel. Der hält ja nun fürs Leben.«

»Eben nicht. Für das Geld hast du dir doch ein Kostüm gekauft.«

»Ja, das habe ich eben verwechselt.«

»Miro, penn nicht ein, du kommst!«

»Und was hast du mit meinem halben Monatslohn gemacht?«

»Jetzt wirfst du mir sogar schon die paar Kröten vor, die ich dem armen Mann gegeben habe? Huhuhuuu – Miro, wie lange läßt du mich noch heulen, hm?«

»Welcher arme Mann?«

»Na, der in unserem Pelzgeschäft.«

»Du kaufst dir Pelze, und ich trage meinen Mantel schon drei Jahre!«

»Mehr jammern, Miro, ja, rotz ruhig in dein Taschentuch rin!«

»Der gute, alte Opa hat ihn vor dir sogar zwanzig Jahre lang geschleppt. Aber damit du weiter sparen kannst, würde ich mich für heute mit zwei, drei blauen Scheinchen begnügen.«

»Du bist zu mir nur noch nett, wenn du Geld brauchst.«

»Und? Ist das nicht oft genug? – Zück deine Brieftasche, du mußt die Jeldscheine richtig naß heulen, hörste?«

»Ein Mann heult doch nicht!«

Sein Adria-Stolz ist echt gekränkt!

»So tun sollste. Weil ick doch darauf sage: Willy, nimm in Zukunft bitte ein Taschentuch, damit ich mich nicht jedesmal an der Kasse mit den tränennassen Scheinen blamieren muß.«

Miro sieht auf seine Uhr: »Oh, ich muß los.«

»Wohin?«

»Ins Hotel, mich umziehen, ich bin heute abend verabredet.«

»Nee, mein Süßer, daraus wird nischt. Wir jehn die Szene nämlich noch 'n paarmal durch, und denn haben wir ja noch den ›Stripper‹, haste den schon druff, eh?«

Miro weiß nicht ganz genau, wovon Du sprichst, deshalb bleibst Du hart: »Tja, mit Fremdjehn wird heute nischt, mein Kleener.«

Abends ist Synchron-Termin bei *Euro-Sound*, ein ehemaliges Kino in Grünau, ziemlich primitiv, zum Ü-Wagen muß man über die Straße und Kabel stolpern, der Tonmeister ar-

Mit Miro Unger beim »Rheuma-Strip«

beitet »stop and go«, aber die Kantinenfrau macht leckere Brötchen. Die verschlingen wir und gackern über Danni, der fabelhaft Musik arrangiert – und noch besser Honni kopiert. Zu so kleinen Steppkes soll er gesagt haben: »Ihr seid nun die Kinder, ja?« Oder war es Ulbricht? Weiß nicht mehr, denn plötzlich wird die Tür aufgerissen und John und Charles, zwei amerikanische Sänger und Bodybuilder, reißen Dich in ihre Arme, die ganze Bude wackelt von ihrem: »Hallo, have a nice evening, darling!« Endlich ist der Broadway in unsere »östliche Hütte« eingezogen.

Ich hatte für euch einen Entree-Titel getextet, und der klang, zusammen mit den zwei »schwarzen Stimmen«, natürlich »great«:

»Sie sind beede nich von hier, stimmts?«
Henne mit John Wadell und Charles Williams

Psst! Das ist unser Geheimtip:
›Topp-Musike‹ heißt das Ding.
Wenn man sich davon was einkippt,
wird man plötzlich irgendwie beswingt.
Das fängt beim Zeh an: Rrrrrr!
So ein Kribbeln – manchmal steigt's auch in den Kopf!
Iiiah! So ein Schütteln!
Das macht alles dieser Topp.

Außerdem hatte ich für euch drei eine Szene geschrieben, in der diesmal Du ein kleines, schüchternes Nachwuchs-Reporterchen spielst und John und Charles zwei von sich stark überzeugte Gesangstars, die Dir ein Interview »diktieren«.

Das sollte so aussehen, daß Du mit einem Reportergerät in einem Café sitzt und eine Mikroprobe machst: »Eins, zwei, drei, o Gott, da sind sie schon.« John und Charles, in schreiend bunten Klamotten, kommen hüftenwedelnd auf Dich zu, klopfen Dir auf die Schulter und sagen grinsend: »Hallo, Baby, die Kerle aus deiner Redaktion haben sich wohl nicht getraut, was?«

Du erhebst Dich steif, willst beiden die Hand reichen, machst dann aber nur eine kleine Handbewegung und hauchst: »Hallöchen!«

Die beiden knallen sich auf die Stühle, sagen wohlwollend: »Setz dich doch, Baby.«

»Sieht aus, als wenn sie uns nicht besonders mag, was, John?«

»Nicht doch, Mann. Wetten, daß sie gleich lächelt? Stimmt's, Baby, du zeigst uns jetzt deine niedlichen, kleinen Beißerchen?«

Du versuchst, krampfhaft zu lächeln, dafür kriegst Du auch einen derben, freundschaftlichen Klaps:

»Na also, mit uns kann man auskommen, Süße. Man darf uns nur nicht widersprechen. Also, laß deine Fragen anrollen.«

Du fängst an zu stottern: »Ja, äh, ich …«

»Moment, Baby, immer schön der Reihe nach. John, beantworte der Lady ihre erste Frage.«

»Aber ich habe doch noch gar keine gestellt!«

»Hör zu, Baby, du redest nur, wenn du gefragt wirst, klar? Du bekommst von uns ein Bomben-Interview, aber nur, wenn du schön brav bist. Schreib mit, aber leserlich: Mein Freund und ich sind Super-Stars! Verstehst du, was das ist? Sowas wie: Jesus Christ, der war auch ein Super-Star.«

Du schluckst und nickst.

»Gut so, Darling. Wir glauben nämlich auch fest daran. Außer uns gibt es auf der Welt nur noch zwei Entertainer, die uns in etwa das Wasser reichen könnten: Schiller und Goethe.«

Fassungslos stammelst du: »G – Goethe?«

»Mit ›th‹, Süße!«

»Aber, die sind doch schon lange tot.«

»Richtig, Baby, deshalb sind wir ja jetzt auch die Größten. Er 1,80 Meter und ich 1,79 Meter. Aber Kopf hoch, Honey, wir haben auch mal klein angefangen.«

John, kaugummischmatzend: »Du hast klein angefangen!«

»Ich? Du fuck'n Arschloch! Wer hat denn für ein paar Pennys auf allen Hinterhöfen geheult wie ein Wolf, hä?«

»Das muß ich mir doch nicht gefallen lassen. Hab ich dich nicht aus dieser vergammelten Bar rausgeholt, in der du Gänsesänger mit ›anschaffen‹ warst?«

Ganz ängstlich willst Du schlichten: »Aber Gentlemänner, ich bitte Sie.«

»Du hältst dich da raus, Süße!« Zu Charles: »Nimm sofort den räudigen Wolf zurück!«

»Niemals! Eher würde ich mit diesem Lolliball hier« – damit meint er Dich – »zusammen auftreten!«

Du versuchst, alles mitzuschreiben und fragst: »Lolliball mit einem oder mit zwei ›l‹«?

John geht Charles an die Gurgel, beutelt ihn hin und her. »So, jetzt darfst du dreimal karaten, womit der gute, alte John sich fithält?«

Charles haut ihm sein Knie in die Weichteile, daß John wie ein Kojote aufjault: »Du hinterhältige Ratte, dich wirbele ich durch die Luft wie ein Bund Flicken.«

Begeistert springst Du auf, klatschst in die Hände und jubelst: »O ja, action! Das ist hübsch! Aber bitte noch einmal, ja? Ich kann nämlich kein Steno.«

Die beiden lassen augenblicklich alles baumeln und mosern rum: »Eh, Lady, verlangen Sie da nicht ein bißchen viel von uns? Gefährliche Stunts machen wir grundsätzlich nur mit Double! See you later!«

Sie bringen so gut es geht ihre Kledage in Ordnung und hinken wie zwei geschlagene Football-Spieler aus dem Café.

Am nächsten Tag sind wir schon auf der Autobahn nach Karl-Marx-Stadt, zum »Set«, wie man heute auf gut deutsch sagt. Die Produktion hat Dir einen Wagen zur Verfügung gestellt, prima, jetzt können wir uns nach Herzenslust über alles, was inzwischen schon wieder »nicht geht«, aufregen.

In der Stadthalle hinkt Inge Naß uns entgegen: »Menschenskinder, bei der Can-Can-Probe habe ich mir hier im Kreuz was ausgerenkt.«

»Und warum?« hast Du kopfschütttelnd gesagt, »weil du wieder die Beste sein wolltest.«

Eine Stunde später liegst Du ebenfalls darnieder, auch durch diesen dummen Tanz, Muskelriß. Zum Arzt gefahren, Spritzen gekriegt, weitergeprobt, wieder zum Arzt, Inge auch, er verpaßte ihr schmerzstillende Zäpfchen, eine Szene (die mit Miro) fiel raus, zu lang, das Ballett sah in den Fundus-Lappen schäbig aus, der Choreograf hatte nur den halben Titel choreografiert, Tamara von »Silly« schlug eiskalt vor: »Wollen wir streiken?« Du schaffst den Umzug zum Duett mit Kammersängerin Renate Hoff nicht, also MAZ-Stop, Quermann soll vor Publikum eine Ansage machen, dem Chor hängen die falschen Palmenwedel ins Genick, wie heißt es doch in Deinem Lied? *Die Mitarbeiter sind total erschöpft, genau wie die finanziellen Mittel, die Tonmeisterbekannte vom Fleischkombinat ist aus- und auf Oper umgestiegen, und der Magier ist jetzt Profi und hat sieben Monate gekriegt.*

Es läßt sich nicht verhindern, daß die Sendung trotzdem langsam auf uns zugekrochen kommt. Hinter der Bühne sieht es aus, als hätte jemand mit einem Stock in einen Ameisenhaufen gepiekt.

Du hast Lampenfieber. Aber meins ist schlimmer!

Der Anfang läuft schon mal gut, dadurch entkrampft man sich soweit, daß man sich eigenhändig eine Zigarette anzünden kann, ohne gleichzeitig die Wimpern zu versengen.

Wie eine Lawine rollst Du, von der Bühne kommend, auf mich zu, zischst: »Weg!« Ich springe den weitesten Satz meines Lebens, mindestens 1,50 Meter. Gleich hinter dem Vorhang reißt man Dir die Sachen vom Leibe, kein unnötiges Wort fällt, ich höre nur Deine Kommandos: »Dutt fester, Turnschuh! Mikro! Pfeife!«

Schon saust Du wie ein Flitzbogen in Deinem ausgebeulten, braunen »Ilse-Gürtelschnalle-Trainingsanzug« in den

Saal, forderst einen verdutzten Zuschauer auf: »Sportsfreund Müller! In Linie zu einem Glied antreten!« Dabei klatschst Du dem rundlichen Herrn auf den Bauch und belehrst alle: »Dieses hier ist der sogenannte ›Mollenfriedhof‹, den unser ›Bierhahnsportler‹ sich durch jahrelanges Konditionstraining erkämpft hat. Ich darf dir im Namen meiner langen Leitung die ›Medaille für einarmiges Bierstemmen‹ unterjubeln. Weiter so!«

Tamara schiebt einen Eiswagen durch die Gasse, an ihrem Schürzenzipfel hängen die »Silly«-Musiker, alle als Schuljungen mit Ranzen vor der Brust verkleidet, auf denen sie mit den Fäusten herumtrommeln. Mike, der Drummer, hält sich den Bauch: »Mann, mir is von den vielen ›Bette-Davis-Eyes‹ inner Probe noch ganz kodderig. Ick krieg nischt mehr runter.«

Tamara Danz verteilt an die »Schulanfänger« der Gruppe »Silly« »Bette-Davis-Eis« (Eyes)

»Reich mir die Hand, mein Leben«
Helga als Don Giovanni mit Kammersängerin Renate Hoff.

Jetzt stehe ich am Monitor und amüsiere mich über den kleinen, pummeligen »Don Giovanni«, der Frau Kammersängerin dauernd in den Ausschnitt schielt und röhrt: »Reich mir die Hand, mein Leben.« Die anderen Kollegen sind auch schon viel lockerer, stoßen sich gegenseitig an: »Kiek mal, wie Henne aussieht und wie se der Hoff'n uff Knie nachrutscht, ick könnt ma mopsen!«

Ihr verbeugt euch, und der trottelige Don Giovanni fragt noch: »Äh, Frau Kammersängerin, von wem war die Oper noch gleich?«

Frau Hoff, lächelnd: »Tja, ich habe auf alle Fälle Mozart gesungen!«

Dann steht auf einmal eine uralte Frau neben mir auf und sagt: »Verjiß nicht, die Brosche nachher mitzunehmen, sonst wandert se noch inne Requisite.«

»Nein, ich denke dran.« Mensch, meine jute Kamé, ich habe sie Dir gepumpt, weil sie so gut zu Deinem »Oma-Kostüm« paßt.

Inge, Margot und Du spielen nun drei alte Schauspielerinnen, die sich beim Kaffeekränzchen in die Haare darüber kriegen, wer früher die größeren Erfolge gefeiert habe. Das wird sehr turbulent, denn Du geiferst sie an: »Inge, Du hast in Deinem Leben doch nischt weiter jemacht, als 'n bißchen mit 'm Hintern jewackelt, und Du, Margot, hast uff alle Provinzbühnen *My fair Lady* zur Minna jemacht. Aber ick habe jeentertainert, moderiert, jesungen und sojar jesteppt!« Die Bühne dröhnt, als würde da oben von »Holzhacker-Buam« ein Schuhplattler getanzt. Margot und Inge brüllen vor Lachen: »Ja, stimmt, die Leute dachten, wir hätten Elefanten im Programm.«

»Daß die Bühne das überhaupt ausgehalten hat.«

»Wieso? Hat se doch gar nicht. Wegen ihr mußten sie doch einen neuen Friedrichstadt-Palast bauen!«

Jetzt habe ich Bauchschmerzen, denn euer Can-Can ist dran. Du mit Deinem kaputten Bein, Inge mit dem lädierten Kreuz ... aber mir bleibt keine Zeit zum Zittern, denn Regine, Tamara und ich überfallen ein Mikro, das hinter dem Vorhang steht, und beginnen, als Verstärkung für euer Gejuchze beim Tanzen, wie drei arme Irre schrill zu kreischen. Und darüber muß ich plötzlich lachen. Lachen, daß mir die Tränen kommen über diese idiotische Situation, daß drei erwachsene Frauen sich die Seele aus dem Leib schreien, und niemand sieht was! O je, Du kommst aus Deinem Spagat kaum wieder hoch, hast furchtbare Schmerzen. Aber auch Inge leidet, ich sehe es an ihrem Gesicht. Und Du greifst ihr unter die Arme und polterst: »Los, komm hoch, Inge. Hör uff zu mimen!« Na, ich danke. Wo nehmt ihr bloß die sagenhafte Kraft her, ihr Weiber?

Nachts, im Hotelzimmer, kann ich nicht schlafen. Mit der Statik des Hotels scheint etwas nicht zu stimmen, man hört andauernd ein rhythmisches Gestampfe, man glaubt, im Urwald zu sein, stundenlang! Bis mir endlich die Augen zufallen, aber noch im Traum verfolgt mich irgendein »Medizinmann«. Beim Frühstück frage ich: »Habt ihr gestern noch lange gefeiert?«

»Nö«, kam Deine fröhliche Antwort, »aber Ballett und ick, wir waren auf 'm Flur, John und Charles haben uns 'nen duften Tanz, den ›Hamboon‹, beijebracht!«

Die Kälte machte klirr-klirr, als wir uns, mit Deinen Plünnen beladen, ächzend die Treppe zum Adlershofer Foto-Studio hochwälzten. »Ausgesprochenet Weltstudio«, hast Du geringschätzig gemeint, »außerdem nich jeheizt, und icke im Nachthemde!« Das lag noch im Koffer, von Monika geborgt. Die einzige in unserem Bekanntenkreis, die »so süße, sexy Nachtwäsche« besaß (wir beide krochen meist im T-Shirt ins Bette). »Trude, haste Strümpe mit?«

Trude, die Fotografin, nickte: »Da im Kasten.«

»Wat? Ein einziger? Ick brauch wenigstens fünfe, sechse jegen meine Falten.«

Die gemütliche Trude, Kummer gewöhnt durch andauernden Fotoverkehr mit der Adlershofer »Creme«, wickelte sich schon in ihren Schal: »Ich besorge noch Tüll.«

Sie brachte einen riesigen Haufen, der für mehrere Brautkleider gereicht hätte. Zähneklappernd hast Du in Deinem Gesicht rumgepinselt, die Wimpern mit zittriger »Greisen-

»So – nu kuck mal wie'n Engel!«
»Wie kiekt 'n der?«
Fototermin für die LP: »Jetzt kommt die Süße«.

hand« angepappt, bist in das Hemd gestiegen. »Mann, schulterfrei, nu krieg ick ooch noch 'n steifen Hals.«

Aus Richtung Kamera kam jetzt: »So, Henne, dann guck mal wie 'n kleiner Engel von Raffael.«

»Wie kiekt 'n der?«

»Na, fromm und so nach oben, in Richtung Paternoster.«

»Ick merke schon, ihr beede seid bibelfest. Also Ruhe! Ick biete euch mal wat an.«

Trude schlüpfte in ihre Pulswärmer, ich hatte meinen »Kaffeewärmer« schon auf, nur Du armes Würstchen mußtest zitternd Engel spielen für das Cover von Deiner ersten LP *Jetzt kommt die Süße.* Ein Grafiker hat Dein Haupt anschließend mit einem verbeulten Heiligenschein gekrönt, perfekt, finde ich. Wenn man bedenkt, daß manche Werbeagenturen für ein einziges Foto nach Sri Lanka oder auf die Bahamas reisen und unsere jämmerliche Schnellschuß-Aktion dagegen hält, also ehrlich: Trude war klasse. Aber ich sehe, Du grübelst schon wieder! »Ja, ick hab mir nämlich überlegt: Uff die Platte müßte noch 'n ›Bolle-Chor‹ ruff!«

»Geht doch nicht. Die Aufnahmen sind längst fertig.«

»Na und, wir mieten uns 'nen großen Saal, laden Leute ein und lassen se mitsingen.«

»Die kennen doch den Text gar nicht.«

»Denn eben mitsummen oder lalala oder klatschen, ejal, Hauptsache Stimmung!«

»Klappt nie!«, grollte der Tonmeister. »Ihr gloobt doch nich, daß nur ein einziger den Mund aufmacht, aber mir isses egal, jeder blamiert sich so gut er kann.«

Wir haben es im Farb-Studio II zweimal gemacht, nachmittags und abends. Es war eine Atmosphäre wie auf einem Betriebsvergnügen: Die Menschen sangen, grölten, pfiffen und klatschten, bis ihnen die Puste ausging.

»Na? Wat hab ick jesagt?« tönte Walterchen, unser Tonmeisterle. Nur einen Moment Luft schnappen wolltest Du, aber daraus wurde nichts, weil die Tür wütend aufgerissen wurde und »Martina« – so hieß das Mädel, was wir aber erst später erfahren haben – stemmte ihre Fäuste in die Hüften und beschwerte sich bitter: »Also, Helga, dit finde ick echt jemein von dir: Bestellst einen hierher und denn darf man nich mal singen!«

»Wieso? Haste denn nich mitjesungen, meine Kleene?«

»Doch, aber nich uff de Bühne.«

»Ach, du willst 'n Solo haben?«

»Logo, Text ha ick druff.«

»Woher denn?«

»Aus 'm Radio, Mensch!«

»Tja, Martina, wenn dir so is, denn mußte heut abend noch mal kommen.«

»Wirklich? Denn darf ick ruff zu dir uff de Bühne? Mensch, Helga, du bist super! Deshalb bin ick ooch dein Idol! Danke! Bis nachher! Juchhuuuu!«

Wie ein Jojo, auf- und niederhüpfend, stürmte sie den Gang entlang, und abends war sie pünktlich wieder da. Den Text hatte sie tatsächlich drauf, aber die Melodie? Alfons und sein Orchester wurden immer schneller, immer schneller, aber er hat sie nie eingeholt, wir haben Tränen gelacht über »Martina in concert«.

Für das Cover der zweiten LP, *Helga – dicke da*, hatten wir uns, nach tagelangem »Brainstorming«, etwas ganz Verwegenes ausgedacht. Es fing damit an, daß mein Mann vorschlug: »Eigentlich müßte man Henne auf dit Reiter-Standbild von August dem Starken draufsetzen. Dit wär 'n Gag: Zwee berühmte Dicke auf hohem Roß!«

»Wie kommst du denn uff den Sachsen-Aujust?« hast Du gemosert. »Sei ehrlich, wegen der Potenz, stimmt's? Männer! Wenn schon, denn will ick uff den ollen Fritzen.«

Die Idee war nicht von der Hand zu weisen, denn gerade hatte man den Preußenkönig samt Pferd wieder aus der Mottenkiste geholt und auf sein bislang verwaistes Podest Unter den Linden gehievt. »Bloß« – wir verfielen in dumpfes Brüten – »wie kommste ruff?«

»Dit werden wir gleich haben!« Ins Auto rein, die Linden lang, und da »trabte« Fritzchen auch schon, den Kopf ein bißchen schief, als murmelte er: »Rin in de Kartoffeln, raus aus de Kartoffeln (in Französisch natürlich).«

»Mindestens zehn Meter hoch«, hast Du, Dir den Hals

Kleine Stärkung nach demRitt auf dem »ollen Fritz«.

verrenkend, richtig festgestellt. »Warum war der 'n eigentlich weg?«

»Weil er ein oller Militarist war. Menschen zählten bei dem nur als Flötenspieler oder Kanonenfutter.«

»Und warum ham wir 'n nu wieder?«

»Tja, weil wir es mit Goethe halten und wieder gut fritzisch gesinnt sind.«

»Vielleicht aber ooch wegen de Touristen, immerhin war Sanssouci ja sein ehemaliger Musensitz, nich? Also, es geht nur mit Kran!«

»Und wer bezahlt den?«

»Amiga.«

Einfältiger Gedanke. Die hatten noch nie eine müde Mark investiert, und auch Friedrich II. würden sie keine hinten reinstecken. Nachdem wir alles über den Haufen geschmissen hatten, sollte Trude den Ollen knipsen, und Dein Foto würde später einkopiert werden. Aber Trude kam natürlich auch nicht hinten hoch – also, was lehrt uns das? Preußens »Gloria« ist Mist, wir nehmen den Fernsehturm, den hattest Du nämlich im Keller, als Modell.

Mit Hilfe der Feuerwehr und mit Geld vom Fernsehen hast Du den alten Fritzen später aber doch noch bezwungen – für die Verfilmung von *Dicke da*. Klaus, der Regisseur, hat listigerweise die Kamera bei Deinem Abstieg weiterlaufen lassen. Ich glaube, selbst Messner hätte 'n »Ooge jekriegt«, wie professionell Du die Feuerwehr-Seilschaft kommandiert hast: »Paß uff, meen Süßer, Du jehst schön zur Seite, und ick krauche alleene runter, jut?« David, damals vier Jahre alt, meinte: »Echt cool, wie Tante Henne Feuerwehrmann spielt.«

Wie gesagt, wir hatten ja immer noch den Turm, ein Geschenk von einem Fan. Nun haben wir nur noch Deinen niedlichen rot-weißen Anzug mit dem »Herzchen« drauf aus dem Schrank geholt, dann hast Du Dich keß auf den »Tele-Spargel« draufgestützt, und fertig war das Cover von *Dicke da*.

Aber Du hattest ja schon wieder eine »Neue« in Arbeit: »Klar, hab ich doch meinen Fans versprochen, die ›Dritte‹

von Hahnemann, und sojar vollendet. Sind se stolz uff mich, stimmt's?«

»Die nennen wir *Big Helga*.«

»Vielleicht 'n bißchen zu hochjestochen, oder?«

»Nee, oben, in Riesenlettern, *Big Helga*, und darunter, janz kleen und winzig, wie so 'n Sandkorn, du!«

»Schön, und wat soll dit Sandkorn anhaben?«

»Genau das, was du jetzt trägst.«

»Hast du 'n Knall? Lila Hosen, buntet Ringel-T-Shirt und um de Omme 'n grünet Tuch? Da tränen einem ja die Oogen!«

Langsam schiebst Du Dich vor meinen großen Spiegel im Flur, drehst Dich mit hängender Unterlippe um und dumm, schließlich wird Dein Blick koketter, Du ziehst angestrengt Deinen Bauch ein und gibst zu: »Jar nich mal so übel. Wenn de recht hast, haste recht.«

Diesmal »coverten« wir schon in einem hübscheren Atelier, jedenfalls was die »Models« dort betraf. Die standen, weil inzwischen schon eifrig »gewendet« wurde, bei einem Porno-Produzenten an, der für »Künstler-Fotos« »neue Gesichter« suchte. Eine davon betrat, gerade als wir feststellten, daß wir Dein grünes Tuch vergessen hatten, die Garderobe in einer roten Lederjacke, ansonsten am ganzen Körper barfuß. Der Produzent, ein Hamburger, der die ganze Zeit von der »Großen Freiheit« geklönt hatte – allerdings meinte er nicht den Fall der Mauer, sondern einen Puff in ebendieser Straße –, kramte aus seinem Diplomatenkoffer ein Spitzen-Etwas, hielt es dem Mädel vor die Schamhaare und nickte zufrieden: »Müßte passen.«

Du hast das »magere Hühnchen« zu Dir herangewinkt und ernst gefragt: »Wat soll 'n dit werden wenn's fertig is, hm?«

»Na, Star-Fotos!«

»So, so, jut, daß de mir das sagst. Ick gloobe, deine Mutter würde dir 'n paar hinter de Ohren knallen, wenn se dich in diesem Uffzug sehn würde.«

»Überhaupt nicht. Ich war ja früher auch schon Model!« Dann stolz: »Allerdings nur für't K.A. (Kapitalistische Ausland)!« Hat ihre Lederjacke fester über ihre »kleene Baustel-

Der von uns allen geliebte Bühnenanzug mit dem roten Herzchen.

»Mit den Klamotten uff's Titelbild? – Naja, wenn De recht hast, haste recht.«

le« gezogen und ist, mit dem Tanga in der Hand, ins Aufnahmestudio gestelzt.

Ich wußte, was jetzt kommen würde. Wie zufällig bist Du zu dem Produzenten hingeschlendert und hast gesagt: »Altmodisch, wat ihr hier macht.«

Der, arg verblüfft: »Äh, wieso? Die Wäsche ist top-modisch und die Püppi auch erst achtzehn!«

»Ich meine ja die Dramaturgie. So ’nen stinklangweiligen Lederjacken-Akt, den kriegste doch an jedem dicken Baum. Nehmen Se doch mal ’ne knackige Hausfrau, eene im Mittelalter.«

»Eine – eine Hausfrau?«

»Na klar! Der ziehen Se ’n hübschet Rheumahemdchen an und setzen se mit ’m Podex uff de Mikrowelle.«

»Und was soll das?«

»Sie wärmt ihrem Männe dit Abendessen uff.«

»Das soll wohl ein Witz sein?«

»Na logo, oder denken Se, ick bin ooch aus de Porno-Branche?«

»Du, dit ZDF will ’n Claire-Waldoff-Film drehen, mir haben se de Hauptrolle anjeboten, soll ick dit machen?«

»Die Claire? Ist doch toll!«

»Ja, bloß da bin ick mächtig festjelegt. Ick will ja nun nicht den Rest meines Lebens als Claire-Waldoff-Imitation fristen. An sowat sind schon viele Schaupieler kaputtjegangen, denk mal bloß an Friedrichson, der is seinen ›Meister Nadelöhr’ ooch nich mehr losjeworden. Er konnte noch so tragische Rollen spielen, jeder hat in ihm nur den ›Schnippeldischnapp‹ jesehen.«

»Ich würde es an deiner Stelle trotzdem machen.«

»Hm, Hauptsache, mein Intendant erlaubt dit.«

»Warum soll er nicht ...?«

»›... mit ihr vor de Haustür stehn?‹ würde Claire sagen, wat? Mensch, Gela, daß du immer so schnell von allem begeistert bist. Sieh mich mal an, wer bin ich? Hahnemann? Nee, in deinem Kopp schon Claire, stimmt’s?«

Nach drei Tagen hängst Du an der Strippe: »So, nu mach

ick's doch nich! Komme grade von Adameck. ›Warum willst du denn den Film beim ZDF machen?‹ wollte er wissen. ›Wir können die Geschichte doch selber produzieren und dann ans ZDF verkaufen! Und die Hauptrolle kriegst du bei mir auch!‹ Dieses Schlitzohr! Es heißt zwar, ein Armenier steckt drei Juden in den Sack, aber der ›Kleene‹, der ›Koofmich‹ schafft doch glatt drei Armenier!«

»Und nun?«

»Nu nischt! Jetzt mach ick's weder hüben noch drüben, basta!«

Adlershof hat natürlich eigenproduziert, die Malle war vorzüglich als Claire, aber ich wußte, daß Du irgendwann noch einmal einen Trumpf ausspielen würdest. Richtig! In der Revue *Hallo Berlin 7-5-0* gab es einen Block: *Die verrückten 20er Jahre*, darin wolltest Du ein Claire-Waldoff-Medley singen. Alle nickten: Jawoll, paßt prima! Probe! Licht aus! Spot auf Helga Hahnemann! Hahne...? Das gibt es doch nicht! Das ist doch original Claire in ihrer Glanzzeit, im dunklen Kostüm, strenger Krawatte, den Kopf nach hinten gebeugt, die Augenbrauen hochgezogen, brüllt sie andante: *Hermann heeßta!* Ich bin fasziniert und würde mich überhaupt nicht wundern, wenn Tucho neben mir säße und seine Rezension schriebe: »Sie singt, wie der Berliner Spatz singt, unbekümmert, frech ...« und dann (Stimme von innen verhallend): »Hermann heeßta.« Mich reißt es vom Sessel, ich schreie: Bravooo!

»Ach, dit hat dir jefallen, ja?« hast Du spöttisch gebrubbelt. »Und wenn de dich Kopp stellst, ick bin und bleibe trotzdem Hahnemann!«

»Warte, bis ich komme! Kauf dir nichts alleine!« fleht Carmen am Telefon. Du schmeißt den Hörer in der öffentlichen Zelle auf und lachst: »Los, Gela, rin zu Wertheim!« Du hast mindestens schon das fünfte Kleid probiert, da stürmt Carmen schwitzend in die Kabine, fragt mich fast ängstlich: »Wat kauft se denn nun wieder für'n Mist?«

Ich zeige auf Dich. Du stehst in einem schwarzen Kostüm mit karierten Aufschlägen vor dem Spiegel und sagst mitfühlend: »Tag, Carmi. Warum biste denn so jerannt? Schwitzt ja wie 'n Pferd!«

Carmen zieht sauer den Vorhang zu und schimpft leise: »Na ja, dit Kostüm jeht ja noch, aber wat die manchmal hier so rausschleppt, dit gloobste nich. Je bunter, desto aufregender findet se dit. Ick meine, soll ich se nun in Kostümfragen beraten oder nicht?«

Carmen, ehemaliges Mannequin und in Modefragen ausgesprochen stilsicher, wischt sich die Schweißperlen von der Stirn und nölt in die Kabine rein: »Neulich, dieser grellbunte Anzug, der hat mich vielleicht vom Hocker jehaun, wie Clown Popow sah se damit aus. Ich hatte ihr verboten: Wehe, du schleppst den auf die Bühne! Nun hat se den sogar in einer Fernsehsendung angehabt.«

Endlich bist Du mit der Probiererei fertig, marschierst achtlos an Carmen vorbei, rufst die Verkäuferin: »So, dit nehm ick und dit hier ooch.« Carmen rennt Dir hinterher, macht noch einen lächerlichen Versuch, die Klamotten zu begutachten, dann winkt sie ab: »Was soll's, sie macht ja doch, was se will!«

Ich muß lachen, weil mir einfiel, wie Du Dich mal in einem unserer »Exquisitläden« auf eine Lederjacke gestürzt hast: »Gela, is die dufte! Die muß ick haben!« Fast angewidert musterte die Verkäuferin Deine Figur: »In Ihrer Größe führen wir bei uns gar nichts.«

Nun gibst Du natürlich nicht so schnell auf und bittest: »Ich möchte die Jacke trotzdem gern mal sehen.«

»Nein, meine Dame, ich sagte Ihnen doch schon eingangs, daß dieses Kleidungsstück Ihnen nicht paßt.«

»Und wenn ick die Jacke nich für mich kaufen will?«

Offene Feindschaft auf der Ladentischseite, aber sie hält Dir das Stück immerhin von von weitem hin.

»Is dit Leder?« Fangfrage von Dir, denn nun darfst Du sogar das Etikett näher betrachten und Dir die Belehrung für »unbequeme Personen« anhören: »Selbstverständlich Leder! Lederol bekommen Sie gegenüber im Konsum!«

In ihrer Überheblichkeit ist es der gestylten Dame entgangen, daß Du Dir die Jacke mit geübtem Griff geschnappt hast. Zu Tode erschrocken bellt sie: »Aber nicht etwa überziehen! Reißen Sie mir das teure Stück nicht entzwei!« Aber da hattest Du sie schon an, und siehe: Sie paßte! Nur der Gummizug unten war etwas zu eng. Kreischend wie eine Elster flog sie auf Dich zu: »Ziehen Sie sofort die Jacke aus, ich hatte Ihnen doch gesagt« – und nun wurde sie Gosse – »daß der Blouson für Ihren dicken Hintern ville zu eng is!«

Du, seelenruhig: »Haben Se mal 'ne Schere da?«

Ich hatte eine. Ohne Dich um die zur Salzsäule erstarrten »Ladenhüterin« zu kümmern, bohrtest Du ein Loch in den Rand, durchtrenntest das Gummiband und hast erleichtert geseufzt: »Ach, is dit herrlich! So fühl ick mich wohl. Die behalt ick gleich an.«

Ich glaube, Carmen hat noch öfter versucht, Dich durch geschickte Kombinationen schlanker aussehen zu lassen, aber an Dir prallte sowas ab. Unbekümmert hast Du alles, was Dir gefiel, getragen und andere Mollige damit modemutig gemacht: »Kinder, looft doch bloß nich in Sack und Asche rum, dit ham wa doch jar nich nötig. Ihr wißt doch:

Dicke sind zum Glück auch nich so verrückt.
Die Dünnen haben immer gleich wat Hektischet im Blick.
Dicke bleiben immer friedlich, regen sich nie auf,
denn auf ihr Kreuz, da jeht 'ne Menge drauf.

Einmal warst Du allerdings schon auf dem Wege, »zierlich und schlank« zu werden. Es fiel mir auf, als Du eine neue Hose anprobiertest. »Staunste, wat?« hast Du stolz gesagt. »Vier Pfund hab ick schon jeschmissen, da, beede Hände krieg ick in den 44er Hosenbund rein. Macht Spaß, abzunehmen.«

Aber Deinen Fans nicht. Eine Zuschauerin schrieb erbost: »Frau Hahnemann, bisher waren Sie für mich immer ein Vorbild, mit Ihnen konnte ich mich identifizieren. Leider haben Sie jetzt aus unerfindlichen Gründen abgenommen und Ihr Image verloren. Ich bin zutiefst erschüttert!«

»Rate mal, wo ick morgen hinfliege?« Dein Gesicht leuchtet wie das eines Kindes, dem man eine Tüte Gummibärchen geschenkt hat, und ich ahne, daß es etwas Außergewöhnliches sein muß, sage aber, um Dich zu ärgern: »Nach Leipzig?«

»Ph, Leipzig. Janz weit weg, meine Taube, ins Ausland.«

»Aah, nach Hollywood?«

»Ach Mensch, du bist blöd, nach Fuerteventura, so, nu weeßt'et.«

Fuerteventura, hört sich grandios an, so wie Abitura, Lino Ventura, aber ich habe keine Ahnung, wo dieses Fuerte in der Welt liegt.

»Gela, Geografie fünf, Religion eins, wa? Ne spanische Insel, liegt im Atlantik, dicht bei Afrika.«

»Na ja, das muß einem Dummen doch gesagt werden, gell?«

»Wenn's ginge, würde ick dich ja mitnehmen, aber leider …«

»… der ›rote Strich‹«

»… ja, is dit nich zum Kotzen? Aber«, und nun strahlt sie wieder, »jetzt lerne ick doch endlich mal wat anderet kennen als Hiddensee. Obwohl ick diese Insel liebe.«

Weiß ich. Ich doch auch. Jedes Jahr hast du Dein Auto voll Kartoffeln, Obst, Gemüse, Schnaps und Wurst gepackt, bist nach Schaprode gedüst, hast dort alles ausgeladen, Auto in einer Art »bewachter Wüste Gobi« geparkt und stundenlang in dem kleinen Hafen auf den Fressalien gesessen und auf die erste Fähre gelauert. Die kam manchmal um 7 Uhr und manchmal nicht, so daß schließlich durch den laufenden Nachschub an Urlaubern ein belagerungsähnlicher Zustand eintrat. Legte sie endlich an, die Fähre, stürzte man sich familienweise, bis an die Zähne bepackt, in Richtung Gangway und versuchte, den Kahn zu entern. Sie kamen aber nur bis zum Bauch des Fährmanns, der sie mit diesem bis zum Eichstrich vollgetankten Wanst zurückschubste und in aller Ruhe mit dem Verhör begann: »S-stop! Wo wollen wir denn hin?«

»Nach Neuendorf!«

»Neuendorf fahren wir gor nich. Zurück! Der Nächste!«

»Wir möchten nach Vitte!« Dabei läßt das Familienoberhaupt sein Gepäck runterplumpsen und sucht wie ein Wilder den Urlauber-Scheck. »Mutti, hast Du den?«

»Ich? Du hast ihn doch in deine Brusttasche gesteckt!«

Der Fährmann kann sich ganz gemütlich seine Pipe anzünden und grinst verschmitzt, als das Töchterchen – sie hatte das Dokument in ihren Jeans – ihm entnervt den Scheck hinstreckt: »Na, mien Söten, ihr seid aber echt reif für die Insel. Der nächste! He, is dat nich die Frau Hahnemann?«

»Jawoll, ick will zu Kollwitzens.«

»Weet ick doch, mien Deern. Was das denn?« Er schielt, mit der Zunge schnalzend, auf Deinen Korb. »Doch nich etwa echter Französischer?«

Na ja, die Pulle bist Du los, kriegst dafür auch einen Platz an Deck, zwischen »frisch geteert« und Deinen Gastgeschenken. Ja, die Hiddenseer waren verwöhnt. Nicht, daß sie irgendetwas gefordert hätten. Nein, ich habe es selbst erlebt, wie Urlauber unter Gerdas Balkon wie die Minnesänger standen und hochblökten: »Hallo, junge Frau, haben Sie für nächstes Jahr ein Zimmer frei? Meine Frau und ich arbeiten in der Porzellanfabrik Kahla und würden Ihnen dafür ein Service für sechs Personen schenken!« Und so ging das den ganzen Tag. Wen wundert's da, daß die Gäste der Insulaner selbstverständlich handverlesen waren. Aber die unvergleichliche Landschaft machte alles wieder wett. Morgens um neun konnte man Dich auf einem klapprigen Fahrrad durch die Heide radeln sehen, denn Deine Burg hattest Du j.w.d. gebuddelt, und dann hast Du wie ein Bratapfel in der Sonne gelegen oder auch im Regen, hat Dir alles nichts ausgemacht. »Hauptsache frische Luft, Sonne, Auspennen und abends inner *Heiderose* meinen Fisch, mehr brauch ick nich.«

Oh, oh, stimmt nicht! Wie oft haben wir mit Anni bis frühmorgens Karten gekloppt, hm? »Schwein sein ist schön« hieß das anspruchsvolle Spiel. Und dann die Grillabende. Wo? Na, auch bei Anni. Weißt doch, wo Marianne und Peter beim Start mit dem Fahrrad drei Mal in Annis Hecke gefallen sind – so nüchtern waren sie!

Als Du aus Fuerteventura zurückkamst, hast Du geschwärmt: »Du, ick hatte einen Bungalow, dit Wohnzimmer von hier bis hier« – durch Deine Riesenschritte lernte ich jetzt die Ausmaße kennen –, »dit Schlafzimmer von da bis da« – Du zeigtest auf meine Wohnung samt Balkon –, »und ne niedliche Küche, aber allet drin, sojar Waschmaschine und Staubsauger. Gleich um de Ecke war ne Pinte, da jab's Scampis, so groß wie mein Handteller. Irre. Na, und dit Wasser: Vorne grün, denn dunkelblau, und stell dir vor, der Strand total leer, höchstens hier mal eener und da mal eener. Bloß eens hat mich jestört«, abrupt hört Deine Beschreibung auf. Du sagst wütend: »Wenn ick da so an dem herrlichen Strand lieje, denk ick plötzlich: Warum nur icke? Nur weil ick Hahnemann bin, darf ick all dieset Schöne jenießen? 'n Kraftfahrer zum Beispiel, der Tag und Nacht uff seinem Bock sitzt, oder 'ne Arbeiterin aus de Glühlampe, die nich? Ick kann dir sagen, in dem Moment packt mich die kalte Wut uff unsern Scheiß-Staat!«

Ach Hennekin, heute darf nu jeder, also, wenn er das nötige Kleingeld dazu hat. Hauptsächlich die »Ossis« sind derart reisesüchtig, »die machen überall hin!« Was denkste, mein Klempner ist gerade aus Neuseeland zurück, und Yorck, kennste doch, unser Optiker, der fliegt nur eben mal so übers Wochenende nach New York, an die Met, zu Placido Domingo, Brigitte und Alfred haben am Broadway »Cats« gesehen. Also, wir haben nach vierzig Jahren Abstinenz ganz schön aufgeholt. Viele »Wessis« sind darüber natürlich stinksauer, fragen: »Können die sich denn das erlauben?« Gott, erlauben kann es sich eigentlich kaum einer, selbst die Wessis wünschten sich, daß sie sich dit Leben, wat sie führen, leisten könnten, aber irgendwie verstehe ich sie ja auch: Donnerwetter, was konnten die uns früher alles erzählen, von den Bahamas, die nur noch für sie in Frage kämen, und vom Überwintern in Mallorca, das waren für uns doch alles Märchen aus Tausendundeiner Nacht. Und nun ist plötzlich alles hin. Jetzt kann es sogar passieren, daß sie im *Café Berlin* in Palma de Mallorca auf Individuen stoßen, die sie hemmungslos anquatschen: »Entschuldijen Se, meine Herrschaften, wieviel Beseden gosd'n hier der Gaffe?«

Hennekin, was denkste, was aus Deinem Friedrichstadt-Palast geworden ist? Ich glaube, Du wärst sehr unglücklich, denn diese einmalige Atmosphäre, sowohl im alten als auch im neuen Haus, mit dem robusten Flair einer Großfamilie, das ist alles, alles vorbei. Aus dem Friedrichstadt-Palast ist jetzt ein »Ferrari« geworden, und als Du damals die Revuen zum Ereignis machtest, wurde er noch wie ein »Trabant« gefahren. Siehste, heute ist »American Show-Business« angesagt, von Ginger und Fred, Rhapsodie in Blue bis Mickey Mouse und Karneval in Rio.

Was sagste? Hört sich toll an, Du warst schon immer für Internationalität? Ich auch, aber doch nicht so be… , na ja, lassen wir das. Mensch, weißt Du noch, wie Gisela mit Dir und »Deinem« Ballett den Girltanz einstudiert hat? *Das dreizehnte Girl* hieß der, die Girls alles Männer im Frack, Riesenlulatsche, und Du als kleene Ulknudel dazwischen. Hinreißend! Oder wie wir uns über den Tanz *Take the A-Train* vor Lachen gekringelt haben? Nicht, weil der mies war, im Gegenteil, Rainer und Christina, die bildschönen Solisten, wurden in einer Barke auf die Bühne gezogen, und die Tänzerinnen lagen auf dem Boden und markierten das Wasser, indem sie mit großen Federfächern wedelten. Schön! Elegant. Gekichert haben wir doch nur, als es in der Musik urplötzlich »buhuuuu« machte, so daß man glaubte, jeden Augenblick müsse der *Chatanooga Choo Choo* angeschnieft und -gebimmelt kommen. Dann dieser herrliche Bolero von Ravel, in traumhaften Kostümen von Wolf Leder. »Ich kann Frauen anziehen, das können Sie mir glauben, Frau Hahnemann«, hat er Dich mal, puterrot im Gesicht, angeranzt. Damals hattest Du Dich geweigert, eine »rosa Creation« von ihm zu tragen: »Müssen Se einsehen, Herr Leder, damit seh ick aus wie'n Schweinchen!«

»Nein«, hat der alte Herr aufgeschrien, »das ist doch kein Rosa, sondern ein zartes Pink!« Na ja, Du hast dann wohl ein »Bleu« durchgesetzt, aber vielleicht hättest Du ruhig auf ihn hören sollen.

Das muß man sich überhaupt mal vorstellen: Wolf Leder war, solange man denken konnte, Kostüm- und Bühnenbildner am Friedrichstadt-Palast. Dann kam 1961 die Mauer, und von dieser Zeit an ist er bis vor kurzem täglich über die Grenze gefahren, für »Ostpiepen«, wie ich vermute. Tja, solche Idealisten kann man heutzutage suchen »wie'n Goldklumpen im Radieschenbeet« bemerkte Traudl Schulze richtig.

Dann Kathi, die hübsche Dunkelhaarige aus der Maske, mit der Opernstimme. Jedesmal, wenn Du an ihrer Tür vorbeigingst, und Kathi mit flinker Hand Köpfe frisierte, hast Du reingelugt und gefordert: »Los, Kathi, sing mal.« Und ohne ihren Lockenstab aus der Hand zu legen, hub Kathi willig an: *Ich bin die Christl von der Post!* Können kann sie's bestimmt noch, aber wenn sie keiner mehr so nett auffordert, warum soll sie zwitschern? Das Leben im Palast ist hart. Ach, war das traurig, als Regine, die schöne Solistin, »Rentnerin« wurde und mit fünfunddreißig Jahren nicht mehr tanzen durfte, das gesamte Ballett hat Rotz und Wasser geheult, und der Friedrichstadt-Palast hing tagelang auf »Halb-Mast«.

Unvergeßlich auch eure Koch- und Freßorgien sonnabends, zwischen den beiden Vorstellungen. Jeder mußte einmal dieses »Menü« anrichten und gab sich auch doll Mühe, irgendetwas Exotisches oder Pikantes mitzubringen. Einmal war Irvin Doumes, ein amerikanischer Sänger, dran, und da er ja »rüber« durfte, wartete alles schon dichtgedrängt in Deiner Garderobe auf die Überraschung aus Westberlin. Irvin kam, balancierte drei vielversprechende silberpapierne Pakete, packte aus, und allen klappte vor Enttäuschung der Unterkiefer runter. Du hast dann ausgedrückt, was alle dachten: »Scheiß Jummi-Adler.« Seitdem hieß Irvin bei Dir nur noch »Hühner-Erwin«.

Dann »Strucki«, der Intendant. Ein Komödiant, wie er im Buche steht. War Not am Mann, wie einmal bei einem Filmbeitrag, hat er halt als »Edelkomparse« mitgespielt, einen vergammelten Kellner, und Volki, der Regisseur, hat seinen ebenso trinkfesten Kumpan gemimt. Was, Hennekin, das sind Sachen, die man nicht so einfach abwickelt.

»Strucki« hat mir mal in einem Brief geschrieben: »Ich bedanke mich für Ihre formidablen Texte.« Formidabel! Nie wieder hat ein Mensch sie so genannt.

»Hasta la vista Pesetas« – der Titel „Wo is mein Jeld?“ in Urlauber-Spanisch.

Einen Moderator hat er mal in einer Revue während der Probe lange beobachtet, dann ist ihm der Kragen geplatzt. Er ist mit seinen Riesenlatschen auf die Bühne gesprungen, sein kleiner Terrier, der bei allen Problemen immer neben ihm saß, ist vor Schreck wach geworden, hat den Schauspieler zur Seite geschoben und gesagt: »So, nun mache ich Ihnen mal vor, wie Sie hier oben rumkrauchen.« Er zog die Schultern hoch, klappte zusammen wie ein Taschenmesser und schlorrte wie ein Hundertjähriger über die Bretter. Dabei rügte er ihn: »Wie so 'ne verbogene Musspritze sehen Sie aus.«

Eins steht fest, wir brauchten uns hinter einem »Ferrari« nicht zu verstecken, die Zuschauer haben sich auch bei unseren »Trabbi-Revuen« köstlich unterhalten, ach was, nicht nur unterhalten, ganz aus dem Häuschen waren sie, wenn Du Deine »Dicken international« zu Gehör brachtest, zum Beispiel die »Mailänder Scala-Version«:

Fiasco mio Figur
Canale Grande jetzt voll
will molto piccolo sein
Portion halbini und basta.

Oder die ungarische Variante, mit der Ansage:

Sähr geschätzte älägante Gäsällschaft! In mejne Hejmat, die große Wejte vom Pränzlauer Bärg, man nennt mir »die Lärche von Hintärhof«.

Darauf folgte ein Geigen-Vorspiel, bei dem Du Dich »schielewippend« im Takt drehtest und ich wie ein geölter Blitz in Richtung Klo rannte. Dann drücktest Du Dir ein Blumenkränzchen, an dem zwei Zöpfe bammelten, auf die Stirn und behauptetest: »Wie Marika Rökk uff der Flucht, wa?« Und genauso klang auch Dein Gesang:

Joi joi, Mamma, hab doch kejn Forinth.
Ich schäkärä mit Tibäkä, vleicht hot wos in sejn Spind.

Für die chinesische Strophe hatte Dagmar Frederic mir eine Platte aus China mitgebracht, die habe ich mir zu Gemüte geführt, um mich in die »chinesische Seele« hineinzuversetzen, aber bereits nach einer Stunde war ich von dem ständigen »Yahuhui« der Sängerin total »matsch«. Du wolltest natürlich auch möglichst »original« sein und hast Dir von einer asiatischen Artistengruppe typische Hand- und Fußbewegungen zeigen lassen. Das sah bei Dir so niedlich aus, daß die Artisten entzückt ausriefen: »Na Balle, na Balle!«, was soviel hieß wie: »Hopp, hopp, auf die Bühne!« Als Über-Gag stülptest Du Dir noch eine »China-Kiepe« über und pieptest mit Fistelstimme:

Ich lauche nicht, ich tlinke nicht
geh flüh in die Shangheia ...

Dann folgten diese langgezogenen Laute wie von Pitti und Mauzer, wenn sie vor dem Schuppen in Deinem Garten hockten und klagend die Verführungskünste eines süßen weißen Kätzchens auf dem Dach verfolgten.

Ja, Hennekin, schöne, schöne Zeiten waren das, die wir nie wieder kriegen werden, da hilft kein Fluch und kein Gebet.

»Dit sing ick nich!« Du fegst aus dem Studio bei Amiga, schmeißt mir den Text hin: »Diese Zeile hier.« Ich kann nicht begreifen, worüber Du Dich aufregst, in dem Titel *Ne Frau zu sein* heißt es:

Man klaut sich selber zwanzig Jahre,
doch Sex is dadurch auch nich viel mehr drin.

»Siehste, und jenau dit Wort Sex will ick nich. Mußte ändern! Gleich!«

Immer dieses gleich, sofort, wie ich das hasse. Widerwillig nehme ich mir meinen Zettel, hinten steht drauf: Butter, Kartoffeln, Hundesteuer einzahlen, und fange gekränkt an, meine grauen Zellen zu mobilisieren: Sex – Rex – Klecks – Schecks – alles Käse. Letzter Versuch von mir an Dich: »Soo

»Dit sing ick nich. Mußte ändern! Gleich!«
Wiedermal »volle Übereinstimmung« zwischen Interpret und Texter.

schlecht ist die Zeile doch gar nicht.« Bitte? Doch? Reine Schikane, sie will mich erledigen, aus, weg, Mülleimer! Und wie sie da steht und mich fordernd ansieht, als möchte sie sagen: »Na, wird's bald? An eener Silbe kann man doch nich stundenlang rumknabbern!« Aber eines Tages, da schmeiß ich alles hin, jawoll, Becks – Gags – Keks – plötzlich kommt leise, aber deutlich aus Arndts Ecke der Satz: »... und fragt sich schließlich: Hat dit eigentlich Sinn?« Pause. Mit einem unendlich triumphierenden Blick verkündest Du: »Dit nehmen wa!«

Als ich am nächsten Morgen aufkreuze, hast Du bereits angefangen, den Titel *Heiß und kalt* zu synchronisieren. Er beginnt ziemlich rockig, und Du singst mit angekratzter Stimme:

Da sitzt ihr nun zu Hause,
eener da und eener dort,
verbiestert wie immer.
Die Pfeile ham grad Pause,
der Jedanke an Mord
schleicht sich aus dem Zimmer ...

Ich geh auf Zehenspitzen, was Quatsch ist, aber es gefällt mir, wie Du das interpretierst. Plötzlich rührt mich fast der Schlag, ein schräger Ton bohrt sich bei *Mensch, sag doch mal: ick liebe dich* in meinen Gehörgang, daß ich ins Studio galoppiere und Dich anfahre: »Dit jeht nich! Das ist ja der reinste Terror.«

Kühl kommt Deine Antwort: »Dit bleibt so! Ick find's jut!«

Beim nächsten Titel dreht der Tonmeister sich brüsk zu mir um: »Wat singt se da? Sie kooft ›Erich‹ von hintenrum ein?«

Ich bin hellwach: »Was? Wo? Unsinn, es heißt: ›Na Helga, Du koofst wohl auch ewig von hintenrum ein?‹«

»Ick höre: ›Erich‹. Kriegen wir Ärger!«

Ich drücke die Taste am Mischpult: »Henne, versuch doch bitte, das ›ewig‹ deutlich zu singen, hier kommt es nämlich wie ›Erich‹ an.«

»Ach du Scheiße! Jut, ick versuch's.«

Du hast uns nachher richtig leid getan, so oft hast Du probiert, den »Erich« wegzukriegen, aber der hatte sich so festgekrallt, daß wir schließlich abgewinkt haben: »Egal, gestorben!«

»Wat kosten die Teller?«

Der verräucherte Kantinenwirt glotzt Dich mit rotentzündeten Augen an: »Der janze Stapel?« Dann, pfiffig, ne Pulle Klaren im Sinn: »'n Pfund!«

»Ick jeb Dir 'n Zehner.«

Schon hast Du die Teller unterm Arm und verteilst sie im Studio. Der »Cantus-Chor« freut sich: »Aah, jetzt gibt's was zu essen.«

»Denkste! Horcht zu, Kinder, ick sing doch jetzt *Mein Jeburtstag*, und an der Stelle:

Nun schlepp ich Stühle, schlag die Sahne,
renn mit dem Kaffe hin und her,
denn Egon, der hat schon 'ne Fahne,
als wenn det sein Jeburtstag wär –

da macht ihr unheimlichen Alarm, wie uff euern Partys, und wenn es heißt:

Dazwischen höre ick se grölen:
Hoch soll se leben, dreimal hoch –

denn benehmt ihr euch wie in eurer Stammkneipe, wird euch ja wohl nich schwerfallen, oder?«

Protest vom trinkfesten Vlady: »Helga, hast du uns schon mal trinken gesehen, hm?«

»Nee, trinken bestimmt nich«, hast Du bestätigt. »Weiter! Jetzt sind die Teller dran, und zwar bei:

Die Stimmung is nich mehr zu stoppen
ick aste Flaschen und Salat.
Mir qualmen vom Loofen schon die Socken.
Mein Mann lallt: Mausi, hast du was?

So, da haut ihr die Teller uff de Erde, daß es nur so kracht.«

Vio, wunderschön, singt Altstimme und ist »Vlady seine Feste«, sagt ganz erstaunt: »Die gehen doch dann kaputt, Henne!«

»Vlady, paß bloß uff Vio uff, sonst wächst uns ihr IQ noch übern Kopp. Eh, Viochen, die sollen kaputtjehn, vastehste?«

Also los. Die Musik wird eingespielt, »Cantus« läßt sich, polterabendgeübt, nicht lumpen, und Du mittenmang, wie der berühmte Elefant im Porzellanladen, holst immer noch einen Teller hinter Deinem Rücken hervor und knallst sie einem von uns vor die Füße. Als nach dem Einspiel Ruhe herrscht, sind wir alle wie aus dem Wasser gezogen. Du fragst die Regie: »Wie war's?«

»Echt!«

»Jottseidank, die Teller sind nämlich alle.«

Was ich noch sagen wollte, Henne, wir hatten doch in dem Titel »Tante Hertha« miteingebaut, stimmt's? Die »spillerige« alte Dame mit ihrem verschrobenen Hut und dem Mäuseblick war auf jedem Geburtstag die erste. Hatte aber für jeden immer was mitgebracht, von »After eight« bis zum »Kaffee-Likör«. Auf ihre frühzeitigen Besuche anspielend, singst Du doch:

Langsam reicht mir dit Theater –
da bimmelt's. Wer kommt? Tante Hertha!

Sie hatte auch solche weinerliche Stimme, nicht? Man hat immer darauf gewartet, daß sie gleich losheulen würde. Aber stell Dir vor: Tante Hertha ist im Stehen gestorben! Als die Nachbarin zu ihr rüberkam, stand sie wie ein Baum am Abwaschtisch, so, als wollte sie gerade Geschirr spülen. Doll, was?

Ein anderes Mal fehlte uns ein Kinder-Chor.

»Werden wir gleich haben, bleib janz ruhig, Arndtchen.«

Bist zur nächstliegenden Schule gewetzt und kamst mit fünfzig Gören wieder, die unbekümmert und frech wie Oskar den Refrain gesungen haben:

Life is schwer wie Rock'n'Roll,
weeß Jott, wer dit kapieren soll.
Du fällst uff's Kreuz, stehst wieder uff,
gleich kriegste schon den nächsten Buff
und denkst, beim in die Knie jehn:
Uff eene Art is trotzdem schön!

Interessant war es aber auch, Dich beim Synchronisieren zu beobachten. Tagelang in einer Ecke des großen Studios verbarrikadiert, hast Du immer »Vollpower« gegegeben. Geradezu rührend hast Du mit den Fäusten »gegen Windmühlen« gekämpft, einem imaginären Mülleimer den »letzten Tritt« versetzt oder mit beiden Händen auf dem Herzen ein Liebeslied gesungen:

Ick schmier es Dir auf jede Stulle –
ick wiener es auf Deine Schuh.
Ick gieß Dir't inne Thermospulle
und steck et Dir als Kleinjeld zu.
Ick koch's in jede Pellkartoffel,
mal's mit'm Staubtuch uff's Buffet.
Ick schieb et Dir in die Pantoffel,
servier es Dir als Sahne-Baiser.
Ick flöß mit Halb-und-Halb Dir ein:
Du sollst mein Happy-Ende sein.

Ick plätt es heiß in Deine Hemden,
spül Deine Socken damit weich.
Ick häng Dich auf an allen Wänden
und schneid et mir int eig'ne Fleisch.
Ick grab et inne Erdbeerbeete
und schnitz et in Deine Reifen ein.
Verzier Dir damit die Tapete
und stempel's in Dein' Führerschein.
Ick jeb's mit Baldrian Dir ein:
Du sollst mein Happy-Ende sein.

Ick strick es Dir in Dein' Pullover,
gravier's in Dein' Rasierer ein,
ick klopp et kräftig in Dein Sofa
und schmuggel's in Dein Skatblatt rein.
Ick heul et heimlich in Dein Kissen
und binde Dir's als Schal um'n Hals.
Ick deklarier's als Dein Jewissen
und brat es um in Jänseschmalz.
Ick hämmer int Jehirn Dir ein:
Du sollst mein Happy-Ende sein.

»8.35 Uhr! Hier ist *Helgas Topp-Musike*. Schönen guten Morgen, liebe Hörer. Au, bin ick uffjeregt, wegen heute abend, icke in concert. Aber wat ja noch spannender is, wo ick mir auch große Chancen ausrechne: Demnächst wird doch Miss Ostberlin jewählt!«

»8.35 Uhr! Hier is Helgas Topp-Musike.«

Du gibst Achim das Handzeichen, und er fährt den »Hühner-Vorspann« ab. Dann drehst Du Dich zu mir um: »Na, Alte, kommste heute in die Philharmonische? Ick will Arndt und dich den Zuschauern vorstellen. Steh aber richtig uff und sei nich wieder so klemmi. Hier, horch mal, wie findest 'n dit? Von Hans-Georg Stengel:

Die Leute beschwingt und vergnügt zu machen –
das schaffen die Schälke in Mehrheit.
Doch das nützliche, richtige, wertvolle Lachen
kann nur ein Kabarettist entfachen
nach lebenslänglicher Lehrzeit.

»Jut, wa? Is leider in Ungnade jefallen, der Ärmste, hat Auftrittsverbot. Na, bei mir jedenfalls nich. Ick werde jetzt in jeder Sendung von ihm wat bringen. O.k., Achim!« Du setzt Deine Kopfhörer auf, grinst mich an: »Dit hier is zwar jestrichen, aber ick hab's aus Versehen übersehen, nich?«

»Inner Politbürositzung schnuppert een Jenosse wie son Jagdhund und fragt schließlich: ›Wat hast Du'n heute dran, Erich? Davidoff?‹ Der Generalsekretär beleidigt: ›Davidoff! Sowat Billiges nehmen die Unteren Organe. Meins ist vom Genossen Lagerfeld, wenn Dir der Pariser was sagt.‹ – Na, wat is, Achim, fahr die Musike ab.« Zu mir: »Jib mal dein Portemonnaie.« Mir schwant schon wieder Fürchterliches. Richtig: Mit spitzen Findern zoddelst Du einen Hunderter raus. »He, wozu brauchst Du den?«

»Da, lies den Brief!« Ich überfliege ihn. »Sehr geehrte Frau Hahnemann ... weiß nicht mehr ein noch aus ... alleinerziehende Mutter ... drei Jungs ... Mann hat mich verlassen ... bitte helfen Sie mir.«

Du beobachtest mich, sagst: »Schlimm, wa?«

»Tja, bloß, was soll man da machen?«

»Erstmal Jeld schicken, damit die Kinder wat zu beißen haben.«

Gonna take a Sentimental Journey, schmeichelt es im Kopfhörer, als Nachkriegshalbstarke haben wir, weil uns roocherte, sehnsüchtig gegrölt: »Stell dir vor, wir hätten was zu rauchen.«

»Ah, da kommt ja mein Lieblingsinstrument, der Gong zum Frühstück«, kasperst Du rum, als Achim zwei Tassen Kaffee balanciert. Achim ist eigentlich gar nicht Achim, sondern Klaus, aber weil Du während der Sendung dauernd im Dialog mit Deiner Mannschaft bist, heißen alle Männer Achim und alle Mädels Bruni.

Telefon. Ein Hörer will wissen, wie Du aussiehst.

»Sie kennen doch Raquel Welsh, ja?« flötest Du. »So groß bin ick, die Frisur trag ick wie Tina Turner, bloß 'n bissel netter natürlich, und meine Augen sind pfiffig wie die von Otto. Nein, nich ›Otto-Versand‹, mehr Waalkes.«

Ne Frau zu sein is Wahnsinn, weeß doch jeder, singt jetzt eine gewisse Hahnemann im Radio, den Refrain schreist Du hingebungsvoll mit:

Beim Mann dajegen spielt Alter keene Rolle,
mit Fünfzig wird er erst mal interessant.

»Was sagste, Achim? Du wirst ooch bald fünfzig, bist aber noch zu haben?« Du lachst: »Is doch klar, mein Süßer, so 'ne Exemplare wie du treiben sich ja normalerweise nich im Rundfunk rum, sondern schwingen sich von Ast zu Ast, nich? Aua, hör uff, mit Bändern zu schmeißen! The Mess is here, waw!«

Der Rhythmus geht unweigerlich in die Beine, also stampfen wir rum, als hätten wir 'ne Tonne Weintrauben auszuquetschen. »Jestern ham se 'n Reporter, der mit mir 'n Interview machen wollte, zwee Stunden an der Zonengrenze festjehalten, obwohl alles jenehmigt war. Mußt ick erst hin und denen Feuerwerk jeben, denn haben se 'n endlich durchjelassen. Kommen wa zu mir nach Hause, haben Mauzer und Pitti inzwischen die Schinkenplatte uffjefressen. Tut mir leid, hab ick mich entschuldigt, müssen wir halt Sekt trinken, den mögen se beede nich.«

Ich wandre ja so gerne am Rennsteig durch das Land ..., jodelt Herbert Roth. Ich schneide Grimassen.

»Haste wat jegen unsern Thüringer Wanderburschen Herbi?«

»Überhaupt nicht, ich finde bloß, die Titel prallen manchmal aufeinander wie Ziegenböcke!«

»Jaa«, preist Du Dich, »uff Schneewalzer Heavy Metal, dit jibt *Topp-Musike* die Würze, eh.«

»Der Reporter wollte ooch allerelei aus meiner Sturm- und Drangzeit inner *Pfeffermühle* wissen. Hab ick ihm erzählt, daß ick schon damals immer großet Aufsehn erregt habe. ›Schon als Anfängerin?‹ hatta jestaunt. ›Doch nicht auf de Bühne, Junge. Inner Mitropa, am Hauptbahnhof, mit Kollegen.‹«

»Dann hast du wohl auch den Quatsch von deinem Verlobten, dem Kosmonauten, der beim Eintauchen in die Erdatmosphäre verglüht ist, erzählt?«

»Klar, is doch 'n dufter Gag, oder? Wenn der so doof is und dit für bare Münze hält, is sein Bier. Doch jetzt, meine Taube, begeben wir uns uff dein Niveau und bringen dit Neueste aus Kalau: ›Hätt ick doch bloß uff mein goldijet Mütterlein jehört‹, jammert 'n Knasti, ›denn würde ick heute nich hier drinne sitzen. Immer wieder hat se mich beschworen, paß uff Sohni, die Bullen kommen! Nimm die Knarre, knall se eenen vorn Latz, und denn ab über de Dächer.‹«

Zwei Stunden lang unterhältst Du Dich mit Deinen Hörern, blödelst rum, bestellst Grüße, tröstest, meckerst, haust auf den Putz, singst mit, pfeifst mit, alles eigentlich »Todsünden« im Rundfunk, aber die Hahnemann darf das! Als einzige!

Kurz vor halb elf rollen wir vom Gelände, schweißnasse Haare kleben Dir in der Stirn, Du stopfst Dir eine Käsestulle »mang die Kiemen«, da hält Dich ein junger, phantastisch aussehender Mann an, überreicht Dir einen Wahnsinnsstrauß dunkelroter Rosen, stammelt, rot wie ein Granatapfel: »Frau Hahnemann, nehmen Sie bitte die Blumen als Zeichen meiner großen Verehrung.«

Linkisch nimmst Du den Strauß, brabbelst sowas wie: »War doch nich nötig, und auch noch Rosen, aber lieb von Ihnen.« Und hinterher: »Mann, der wäre meine Kragenweite!« Blick in den Rückspiegel: »Wie ick wieder aussehe, wie die letzte Schlampe, und um een Haar hätt ick ihm statt meine Hand die olle Käsestulle hinjereicht!«

»1,80 Mark für Garderobe? Nee, denn nehm ick meinen Mantel übern Arm. Für dit Jeld krieg ick ja schon 'n Matjeshering.« Brigitte ist hellempört über die unverschämten Westpreise im ICC. Das Drama begann schon bei der Anfahrt zu diesem – wie nennen die Berliner das Monstrum? – »Panzer-Nashorn«? Ist ja auch wurscht, wir sind jedenfalls wie die blinden Füchse in den Katakomben da unten herumgeirrt, haben zig Mal »Käses Rundfahrt« gemacht, bis wir erschöpft vor einem Polizisten stoppten und wie die »Hinterweltler« fragten: »Wo kann man denn hier parken?«

Dem Ordnungshüter grauste vor soviel Blödheit, aber er zeigte immerhin hundertachtzig Grad an: »Überall!«

»Ah, überall!« Wir nickten uns freudig überrascht zu, »und wie kommt man in das Gebäude rein?«

Nun trat er doch lieber einen Schritt zurück, man kann ja nie wissen, die Ossi-Tussis hopsen einem womöglich noch auf 'n Arm und wollen in den Saal getragen werden. Also zeigte er vorsichtig auf eine der tausend Treppen: »Da hoch!«

»Habt ihr gehört, wir müssen da hoch«, schwinge ich mich jetzt zur Reisegruppenleiterin auf. Jumbo, mein Mann, parkt auf dem Gehweg, der Bulle hat ja gesagt »überall«, wir nicken dem Schampel – der uns nachstiert, als wäre Egon mit seiner Geisterjäger-Crew an ihm vorbeimarschiert – freundlich zu und bewegen uns betont lässig, damit man uns die Ossis nicht schon auf Kilometer Entfernung ansieht. Nur die Toiletten dürfen wir nicht benutzen, denn da wird's brenzlig, wenn man unter den hochmütig hochgezogenen Augenbrauen frischfrisierter Damen versucht, den vollautomatischen Wasserhahn durch Drehen, Kippen, Rauf und Runter in Gang zu bringen oder – verlegen vor sich hingrinsend – ein Handtuch, das nicht da ist, sucht, bis einem jemand mit Nachdruck den Knopfdruck zeigt. Schrecklich.

»Henne hat ja Mut«, flüstert Brigitte. Sie hat recht. Schon das Foyer von diesem Gebilde hat verdammte Ähnlichkeit mit unserem Ostbahnhof. Außerdem, ich sehe mich bange um: »Den Schuppen kriegen die doch niemals voll.«

»Mensch, Gela, Angst vor der eigenen Courage, wat?« würdest Du sagen, aber ich trau mich nicht hinter die Bühne, weiß, Du bist jetzt nur noch Konzentration.

Einmal, bei den »Wühlmäusen«, hattest Du an Deiner Garderobe nur einen Vorhang, und, wie Musiker nun mal sind, hockten sie direkt davor und schluckten fröhlich lärmend ihr Bier. Eine Weile hast Du Dir das gefallen lassen, aber dann bist Du ausgerastet: »Zum Donnerwetter, haltet eure Schnauzen oder verschwindet hier!« Arndt ist wie der Blitz losgerast, hat aber vor sich hingenölt: »Die wird immer zickiger!«

Wir suchten unsere Plätze. Der reinste Irrgarten. Und wieder so eine Riesenbühne, und total nackt. Wäre bei uns im Osten unmöglich sowas. Irgend jemand hätte von irgendwoher ganz bestimmt einen Glitzer-Vorhang hingebammelt oder eine Palme in den Weg gestellt. Das ist doch wohl das Mindeste! Bei einer Deiner Shows im Palast der Republik hatte der Szenenbildner sogar die ganze Rampe mit Nachttischlampen bestückt, und als Du Deinen Spagat machtest, bist Du hinter diesen hohen Eumeln in der Versenkung verschwunden. Da mußtest Du erst toben und schreien, bevor der gute Mann sich seine »Licht-Effekte« sonstwohin steckte.

Aber diese kahle Bühne fiel mir schon bei Deinem Auftritt in der Deutschlandhalle auf. Schlimmer noch, es hätte mich nicht gewundert, wenn die Interpreten sich mit den herumhängenden und fußangelnden Kabeln erdrosselt hätten. Dann die »Volksfeststimmung« im Saal: »Willste 'n Bier?« hat mein Cousin mich gefragt, schob sich durch die Leute und kam mit kleckernden Gläsern, auf fremde Füße trampelnd, wieder. Obwohl ... eigentlich ganz praktisch: Konnte man den Sänger, der gerade dran war, nicht leiden, latschte man raus an die Theke und zischte einen.

»O Gott, is der fett jeworden!« Brigitte verzieht ihr Gesicht. Sie meint Schamoni, der sich jetzt im Zuschauerraum aufgepflanzt hat und bläkt: »100,6 präsentiert: Helga Hahnemann!«

»Tolle Helga ließ kein Auge trocken« – »nun kommt die Süße auch bei uns groß raus« – »Big Helga eroberte die Zuschauer im Sturm« – »das Publikum tobte« – »Helga, die Stimmungskanone des Ostens« – »es gab Zugaben bis zur Erschöpfung«, überschlug sich die Presse am nächsten Tag.

»Verzeihung, haben Sie einen Backstage-Ausweis?« hielt mich ein blasses Jüngelchen an, als ich nach der Vorstellung in die Garderobe wollte, um Dir – ohne ein Wort – zu sagen, wie toll ich Dich fand. »Bitte? Einen ...?«

»Backstage-Ausweis«, wiederholt er vornehm. In diesem Moment verschmelzen Dinner-Jackett und »kaffeebrauner Anzug«, was soll ich tun? Wieder kreischen: »Zur Seite, du Idiot!« Ich muß mich zusammennehmen, hier im Westen ist alles ganz anders, schöner, besser, größer, klüger, also sehe ich den Yuppi nur von oben bis unten an und zische: »Kiss me the back, Affe!«

»Wird hier jeraucht? Denn komm ick jar nich erst rin.« Du wedelst die Qualmwolken beiseite. »Also, ick bleib hier auf 'm Gang stehn, sagt, was ihr von mir wollt.«

Es ist »Wendezeit«, die uns im Moment stark in den Knochen sitzt, und der Friedrichstadt-Palast plant eine neue Revue: *Kiek ma an*. Witzig soll sie sein, spritzig, voluminös, zeitbezogen – »... aber wir haben kein Geld!«

»Schon mal 'n guter Anfang!« schallt es vom Korridor. »Wir werden versuchen, Sponsoren aufzureißen.« Der unverwüstliche Emil, Regisseur, ist optimistisch: »Ick werd mich an Coca-Cola ranmachen.« – »Na, denn coke's mal schön, Süßer. Sag mir Bescheid, wenn de 'n paar Pfennige zusammenhast. Gela schreibt ja sowieso erstmal die Konzeption. Tschüß!« Weg bist Du.

In meinem Kopf marschieren jetzt Ideen wie Zinnsoldaten auf, werden gemustert, dürfen wegtreten oder werden einfach eliminiert. Ich brauche ein »Opening«, Himmelsakra! Ballett! Ballett ist gut, aber nicht in himmelblauer Seide »Mame« trällernd, dafür ist die Zeit einfach zu aufregend. Schließlich wurden fast über Nacht vier Jahrzehnte real-existierender Sozialismus weggefegt. Und wir, immer gewöhnt, geführt und verführt zu werden, versuchen uns langsam, aber sicher im aufrechten Gang. Aufrechter Gang! Mensch, ich hab's: Wir fangen die Revue mit dem Fall der Mauer an!

Ich spurte zum Telefon.

»Henne, was sagst du dazu, wenn wir das erste Bild mit der ›Steinzeit‹ beginnen?«

Von Dir kommt eine Weile nichts, weil Du abwartest, bis der »Anfall« bei mir vorbei ist.

»Henne? Bist du noch dran?«

»Ja, ick höre. Wir leben inner Steinzeit und reiten uff Sauriern.«

Deine Ironie ist nicht zu überhören. Aber ich mache mir nichts draus, denn mit mir gehen sie jetzt durch: »Paß uff, Hennekin, nur als dramaturgisches Mittel, weißte, eine Zeitverschiebung, um Abstand von den noch frischen Ereignissen zu gewinnen. Symbolik, verstehste? Also: Ballett, nur mit Fellen bekleidet, tanzt den ›Tanz der Unterdrückten‹, nach dem Titel *Another Brick in the Wall*, das Ganze muß so aussehen wie in einem Bergwerk, finster, nur ein paar Spots huschen über die geduckten Menschen hinweg. Aber urplötzlich fangen die Menschen an, aufzubegehren, der Tanz wird tumultartig. Von allen Seiten drängt man auf ein Tor, ganz primitiv aus Feldsteinen gebaut, man reißt Schranken nieder und zieht im Triumphzug ins ›Schlaraffenland‹ ein, im Hintergrund sieht man Fernsehapparate, Waschmaschinen, Cola-Büchsen und all so'n Müll!«

»Hm«, machst Du, »die Idee is zwar nich schlecht, aber 'ne ziemliche Gratwanderung. Obwohl ick natürlich auch dafür bin, daß man die Tragik unserer jüngsten Vergangenheit mit einem weinenden und einem lachenden Auge sehen sollte. Na ja, allet in allem, jut, Gela.«

»Haste Appetit auf 'n Bier?« Emil sitzt, als ich mit dem Exposé im Friedrichstadt-Palast antanze, zwischen gestapelten Bierkisten und grinst verschlagen: »Da, die Sponsoren rollen langsam an. Dafür brauchen wir bloß im Bühnenbild Werbung für dit Zeug zu machen. Kiek dir mal Kordulas Entwürfe an!«

Ich schreie vor Vergnügen laut auf! Super, wie Kordula das hingekriegt hat: Unförmige sechs Klamotten-Säulen stellen das Brandenburger Tor dar, obenauf, statt der Quadriga, sitzt ein frecher, aufgeplusterter Spatz, und hinter dem Tor lockt – wie die aufgehende Sonne – Coca-Cola-light. Umwerfend! Schon anhand dieses Entwurfes ahnen wir »Soft-Revoluzzer«, was auf uns zukommt: »Die Freiheit, unter Brücken zu schlafen« – »jeder hat seinen Preis« – »weil du arm bist, mußt du früher sterben«. Aber, wir haben es ja so gewollt, also: Packen wir's an.

Nachmittags fahren wir beide in die City, so heißt unser Kuhdorf jetzt bei Dir, ja, ja. Deine Titel werden neuerdings auch nur noch »gefeachert«, yeah! Noch vor einem Jahr hättest Du dem »Fernseh-Lümmel« dafür eine geklebt. Die Ampel ist rot, neben uns hält ein Wagen, und I.C., damals ein sehr bekannter junger »Dance-floor«-Sänger, hübsch mit seinem schwarzen Pferdeschwanz, lacht uns an und wir ihn. Ich sage: »Mit I.C. müßte man auch mal was machen.« Du hakst sofort ein: »Mensch, warum bin ick da noch nich selber druff jekommen? Ruf mich an!« schreist Du rüber. Er nickt und sitzt ein paar Tage später neben Dir auf Emils Couch, die der inzwischen mit »Stars and Stripes« bezogen hat. Aber I.C. ist – genau wie Du – ein Dickschädel, möchte partout einen eigenen Musik-Block haben. Kriegt er nicht. Da geht er wieder. Schade! Emil, schon ganz »american producer«, sagt: »Entweder die passen sich den neuen Bedingungen an, oder se sind raus. So einfach is dit.«

Brigitte, die Kostümbildnerin, bringt ihre Mappe. »Ich könnte noch wunderbare Stoffe aus dem ehemaligen Exquisitlager haben, aber das kostet natürlich.«

»Denn sollen se sich die inne Haare schmieren«, bellt Emil. »Ick hab ja den Gaul schon aus meiner Tasche bezahlt.« Er meint ein »Eddy-Fischer-Pferd«, wirkt wie echt, »aber fünftausend Bunte. Jetzt kann jeder Hund mich anpinkeln!«

Du siehst Dir Dein »Oma-Kostüm« an. »Wat is'n dit da oben inne Haare?«

»Knochen!«

»Knochen? Ach, stimmt ja, wir spielen ja sowas wie Fred Feuerstein und Barny.« Zu mir: »Zeig mal dit Interview. Alfred is mein Oller und der andre Alfred (Struwe) Reporter, ja?«

»So isses! Vom Steinzeit-Sender Knacks 1 meldet der sich von der diesjährigen Eröffnung der Mauer und befragt ein altes Ossi-Steinzeit-Ehepaar. Der Opa sagt unter anderem:

›... *wir haben hier ooch geackert wie die Verrückten. Mit de Arbeit waren wir zwar immer 'n paar Monate im Rückstand ...*‹, *unterbricht ihn die Oma:* ›... *aber mitte Kaffepausen schon 'n halbet Jahr voraus.*‹ – ›*Um mir ham die Arbeitjeber sich jerissen. In een Jahr war ick in acht Betriebe.*‹ – ›*Meine Chefs konnten sojar ihre Tresorschlüssel vor meine Neese rumliejen lassen. Da hat nich eener von jepaßt.*‹ – ›*Ick war ooch nie son oller Ja-Sager. Wenn der Werkdirektor Nein gesagt hat, kam von mir ooch sofort Nein.*‹ –

›Und nie krank jewesen! Bis uff einmal, da ham se mir erst operiert, als ick schon wieder jesund war.‹ – ›Eener, der arbeitet, verdient hier – wie da – jut, een Haken is ja immer dabei, wa? Manch eener hat als Pförtner anjefangen und sich bis zum Generaldirektor hochjearbeitet.‹ – ›Und andre ham als Jeneraldirektor anjefangen und sind jetzt Pförtner.‹ – ›Die Jehälter müssen se sowieso noch uffbessern. Oder de Jehälter wenigstens öfter auszahlen.‹ – ›Wir werden jetzt erstmal 'ne schöne Kaffefahrt nach de Lüneburger Heide machen.‹ – ›Jotteswillen! Weeßt jenau, daß mir von Kaffe und Heino schlecht wird.‹ – ›Denn jönnen wa uns eben Mallorca. Da soll et ja so knackije Frankfurter Würstchen geben.‹ – ›Nee, nee, uff'n Flughafen vorher nach Waffen abtasten lassen, wat?‹ – ›Sei doch froh, sonst hätteste doch überhaupt keen Sexualleben mehr.‹ – ›Lieber koof ick mir eene von die Schrottkisten, womit die Wessis unsre Einheit bezahlen.‹ – ›Wir können ja ooch 'ne Reise mit'm Traumschiff machen: Von Dresden nach Meißen.‹ – ›Aber nur in jetrennte Kabinen.‹ – ›Ick dachte sojar an jetrennte Schiffe.‹

Der Reporter freut sich: *›Danke, das war als Probe schon sehr hübsch, aber nun wird's ernst.‹*

Oma und Opa sauer: *›Wat? Dit janze Theater mit der Mauer etwa nochmal von vorne?‹*«

Emil, der Choreograf und ich sitzen bei Murmel (Arnold Fritsch) im Studio, der für das dritte Bild die Musik für einen erotischen Tanz komponiert hat. Ich bin ganz locker, denke an Ravel, Debussy oder Chopin, jedenfalls etwas in der Preislage. Schon vom ersten Ton an haut es mich vom Sokkel: Der Titel fängt mit dem Gewinsel einer Wald- und Wiesendirne kurz vor dem Koitus an, erst danach setzt der durch Mark und Pfennig gehende Rhythmus ein. An sich ein gutgemachter Titel, aber von knisternder Erotik nicht die Bohne. Die Kollegen, außer mir sind ja nur Männer im Raum, sehen sich augenzwinkernd an, die »Stöhnerin vom Dienst« hat ihre Schuldigkeit getan.

»Na, wie gefällt er dir?« will Murmel wissen. Ich bin stinksauer, muß erstmal nachdenken, wie ich sie alle beschimpfen kann. Natürlich grinsen sie, die Herren der Schöpfung. Immer wieder ein Gaudi, wie prüde alte Weiber sein können, die aber früher auch nichts haben anbrennen lassen! »Was soll das Ballett danach tanzen?« will ich von Fery, dem Choreografen, wissen. »Sollen die Mädchen dem Publikum mit nacktem Hintern ins Gesicht springen, oder was?«

Fery ist Ungar, ein lieber, höflicher Mensch und wohl auch normalerweise nicht gewohnt, daß eine Dame sich so vulgär ausdrückt. Er windet sich verlegen: »No, ich werde das schon machen.«

»Wie denn?« ich, hartnäckig. »Die einzige Möglichkeit sehe ich darin, den Titel umkippen zu lassen und die Girls stöhnend beim Bäumesägen zu zeigen.«

Ich schnappe mir die Kassette und spiele sie Dir vor, wütend wie eine gereizte Bulldogge. Du bleibst ganz ruhig, meinst nur: »Die Mutter mit dem asthmatischen Jeschniefe muß er mehr zurücknehmen, ansonsten is die Musik doch jut.«

Mir bleibt der Mund offen stehen, also keine Unterstützung von Dir?

»Gela«, sagst Du richtig mütterlich, »versuch nich immer, Wände einzurennen, du machst dich ja fix und fertig. Los, jeh mit deinem Hund im Wald spazieren.«

»War ich schon!«

»Jehste eben nochmal, Blödi!«

Das Haus sucht einen neuen Sänger – statt I.C.; ein junger Mensch will vorsingen, hat eigene Kompositionen mitgebracht und eine Werbebroschüre, so dick wie ein Telefonbuch. Läßt uns wissen, daß er an den größten Häusern der Welt singen könnte, aber ihn zieht es nun mal in den Friedrichstadt-Palast. Als er vor uns seinen Diener macht, treffen uns stahlblaue, irisierende Blitze aus seinen Augen, dadurch sind wir verunsichert, denken an 007 oder so, bis Charly, Musikredakteur seit tausend Jahren, hinter uns murmelt: »Der Junge hat blaue Haftschalen druff, weiter nischt.« Dem nun folgenden Kunstgenuß angepaßt, zücke ich meinen kleinen Spitzenfächer, den Uschi mir aus Ibiza mitgebracht hat, und fuchtele wie »Frau Lagerfeld« elegant um mich herum. Der Vorschußlorbeerne drapiert sich an den Flügel, spielt eigenkomponierte Vorspiele ohne Ende und singt Nonsens ohne Ende. Wir nehmen ihn nicht, sondern geben ihm etwas: Eine Fahrkarte für die S-Bahn.

Alfred (Müller) will keinen Toilettenmann spielen: »Ick weiß nich, irgendwie widerstrebt mir so 'ne Rolle.«

»Schade, Peter Ustinov ist da nicht so pingelig, sein Clomann war einfach klasse.«

Außerdem brauchen wir dringend acht Minuten Überbrückung für den Umbau des Wasserbeckens. So, nun ist es raus! Für einen Schauspieler fast so etwas wie ein Todesurteil, vollzogen auf offener Bühne, denn: Während er sich, meist zwischen den Zuschauerreihen, verschwendet, alle Register seiner Kunst zieht, für die Menschen sein Herzblut verströmt, nehmen diese nicht eine Sekunde Notiz von ihm, es sei denn, er versperrt ihnen die Sicht auf das geheimnisvolle dunkle Loch in der Bühnenmitte, dann müssen sie wohl oder übel lange Hälse um das dumme Hindernis herum machen. Und er kämpft um die Gunst dieser Ignoranten, spricht sie direkt an:

»Mein Job ist krisenfest, ick habe nämlich dit Nobel-W.C. am Pariser Platz jepachtet, dit erste Haus am Platze. Kostet natürlich soviel wie 'n Luxus-Bungalow inner Karibik. Eigentlich müßte noch 'n Stall dran sein, für den Esel, der den Wucherpreis bezahlen muß …«

– da wispert's um ihn herum: »Kiek mal, Mutta, jetzt verschwindet dit Becken inne Versenkung.« – »Auweia, is dit'n tiefet Loch. Wenn de da rinfällst, fällste nur eenmal!« Mutig fährt der Überbrücker fort:

»Durch die vielen Steuern komm ick natürlich langsam auf 'n Hund, aber beschwerste dich uff'm Finanzamt, brummen se dir obendrein noch Hundesteuer uff.«

»Wat kommt'n da hoch, Otto?« – »Weeß nich, sieht aus wie 'ne Platte.« – »Sind da Pferde druff?« – »Spinnst du? Warum nich gleich Elefanten?« – »Warum nich? Ne Manege sollen se ja hier haben.«

Erster warnender Blick des »Hochkarätigen«, und der innere, heilige Meineid: »So eine verdammte Kiste laß ick mir nie wieder andrehen, lieber jeh ick Straße fegen. Diese Provinzler, bei ›Faust‹ hätt's schon Blumen für mich jeregnet, wo war ich? Ach ja:«

»Daß ick mein Jeschäft natürlich nur unter starkem Streß erledige, is klar. Wenn ick überlege, daß 'n Tag über fast die janze Welt durch meine Hand jeht, wunder ick mich, daß ick trotzdem noch so normal jeblieben bin. Allerdings is mir auch schon passiert, daß ick eine Insulanerin mit ›Merci beaucoup‹ und einen Herrn Yamamoto mit ›Dalli dalli, Señor‹ verwechselt habe. Denken tu ick zwar ofte wie ›Götz von Berlichingen‹, aber hören tun se von mir: ›Küß die Hand, schöne Frau‹ – ›wünsch noch schönen Gaudeamus, Herr Professor ...‹«

»Warum jeht denn der nich endlich uff de Bühne, is doch zu, dit Loch.« – »Weil dit erst 'n provisorischer Deckel is, der hält höchstens zwee Zentner aus.« – »Und du meinst, der wiegt so ville? Hat doch nischt uff de Rippen, höchstens hundertfünfzig.«

Eigentlich müßte er ihr ins Gesicht schleudern: hundertsiebzig, dumme Gans, statt dessen strahlt er bis in den Rang:

»Müssen müssen se alle, ob arm oder reich, und ick bin der Konzernchef, zu dem se alle kommen, um ihr Jeschäft zu machen. Wo solln die Touristen ooch hin, bei die Preise? Die kommen ja erst bei mir uff de Toilette zur Besinnung. Ehrlich: Acht Tage Spanien, davon vier Tage im Stau, die wissen ja hinterher jar nich mehr, wo se überall waren, da müssen se erst uff ihre Kofferanhänger kieken. Und, wat ham se schon jesehn? Hochwasser in Venedig, Hinterhöfe anne Costa Brava, und ein Essen, sowat Mieset hätten se ooch zu Hause haben können. Wissen Se, wat se für 'ne Dampferfahrt uff'm

See Genezareth löhnen müssen? Dreißig Dollar. Keen Wunder, daß Jesus lieber zu Fuß rüberjeloofen is.«

»Wenn der Quasselfritze bloß mal aus de Latichte jehn würde, is dit Wasser da unten?« – »Ick gloobe Eis, Otto!« – »Tanzen die dadruff?« – »Quatsch, Schlittschuh werden se loofen.« – »Ach, mitten im Sommer?«

Ich glaube, Alfred hat es letzten Endes gespielt, weil Du ihm immer wieder Mut gemacht hast, das war schon bei Rolfi so. Bis fünf Minuten vor der Premiere hat er total verunsichert gefragt: »Und wenn's nun doch ein Flop wird?«

Du hast gelacht: »Dann hängen wir drei uns jemeinsam uff, Rolfi.«

Das zweite Bild, »Monbijou« genannt, spielt in der friderizianischen Zeit und soll eine Parodie auf die Jagdlust der »Fürsten« werden, dem krassen Widerspruch zu der Freizeitgestaltung eines Arbeiters, der sich wochenlang vorher für eine Bowlingpartie anmelden mußte, während sein Gewerkschaftsboß sich jederzeit in seinem »volkseigenen« Jagdgebiet tummeln konnte. Diese makabre Situation soll durch das Treffen zweier »Oberhäupter« auf der »Staatsjagd«, nämlich »Eric von Habsgier« und »Ludwig von Tuten und Blasen« verballhornt werden.

Als ich Dich das erste Mal in Deinem »Habgier«-Kostüm sehe, zerruppt es mich fast. Rund wie eine Kugel – »klar, ick war ja viel zu dünne, da hab ich mir noch 'n Watton drunterjepackt« –, mit Allongeperücke bis zum Gürtel, schwarzem Schnurrbärtchen, wirst Du von Leibwächtern in einer Sänfte auf die Bühne geschleppt. Von der anderen Seite trabt Alfred Struwe als der »von Tuten und Blasen« auf seinem Kunst-Wallach Dir entgegen, und nach der offiziellen Staatsempfangknutscherei fallen solche bedeutenden Begrüßungsworte:

»Ludwig von Tuten und Blasen, alte Schießbudenfigur, willkommen auf mein Plaisier.«

»Eric von Habgier, klejne masurische Wildsau, lebt Er denn noch?«

»Nich so besonders, habe seit Tagen schon keinen Stuhl mehr.«

»Achgottachgott, Mannchen, dann setz Er sich bloß schnell hin.«

»Na, und Ihr? Wat macht Euer altet Leiden?«

»Das bin ich los, is zu ihrer Mutter gezogen.«

»Mich plagt obendrein noch dit Rheuma. Ick komm mit de Arme nich mehr über'n Kopp. Mit de Beene schon überhaupt nich.«

»Du alter Lorbaß, dat kommt vom unsoliden Lebenswandel: Fressen, Saufen, Wejber!«

»Unser Bischof soll aber ooch Rheuma haben.«

Ich schlage mich mit der »Puff«-Szene herum, habe schon die dritte Version beim Wickel, da überfällst Du mich: »Gela, die haben uns den nächsten *Kessel Buntes* anjeboten. Ick hab jesagt, dit schaffen wir nich.«

»Schaffen wir nich? Aber, wie's Gewitter!«

Du seufzt: »Gela, Gela, jedesmal biste Feuer und Flamme, und nachher loofste uff Zahnfleisch.«

Du hast ja so recht. Ich weiß auch nicht, wie das kommt, habe dauernd Angst, etwas zu verpassen. Am liebsten würde ich mit Dir eine Show in den USA machen, ehrlich, ich bin der festen Überzeugung, daß Du auch dort die Leute begeistern würdest.

Carmen sagt zwar: »Ihr habt beide 'n Knall! Die ewig mekkernde Traudl Schulze und ihr troddeliger Hugo am Broadway. Damit würdet ihr auf die Fresse fallen. Die Ehe is den Amerikanern nämlich heilig.«

Aber nun erstmal: »Wo soll der Kessel denn sein? Cottbus? Mit wem? Roberto Blanco, Ebony und Ivory, schau!«

Erste Tuchfühlung mit Roberto im Hotel *Unter den Linden*. Er ist nett, elegant und duftet teuer nach Etienne Aigner. Möchte mit Dir gern eine Szene spielen, am liebsten »Othello«. Außerdem braucht er am Abend der Sendung einen Hubschrauber, der ihn von Cottbus nach Berlin zum Flughafen bringt, weil um Mitternacht noch eine Gala in München auf Entertainment lauert. Ansonsten bietet er seine Titel an, von *El Cumbanchero* bis *Ein bißchen Spaß muß sein*, gell? Er ist schließlich Bayer.

Ich schreibe euch eine anachronistische »Othello«-Klamotte, und Probe ist, wie immer, wenn's nicht gerade regnet oder schneit, auf Deiner Veranda, neben der Kaffeekanne. Du, als Desdemona, telefonierst mit Deiner Mama. Eigentlich hatte ich ein auf »antik« getrimmtes im Sinn, aber Du wolltest »so 'n richtig jemeinet grauet Ost-Telefon«. Die Probe fängt schon mal sehr ungewöhnlich an, denn Roberto-Othello stürmt mit dem Käsemesser auf Dich zu und möchte Dich am liebsten sofort erwürgen.: »Sterben muß sie. Sonst betrügt sie andere!«

Du bist natürlich kitzelig und quietschst: »Noch nicht, Roberto, loof erstmal um mein Bett im Sturmschritt hin und her, und ick quassel int Telefon: ›Da kommt er gerade, Mutter! Wer? Dein Schwiegersohn. Sicher is er mit Jago wieder um die Häuser jezogen. Othello, hör auf, mit dem Küchenmesser hier rumzufummeln, ich telefonier grade mit Mutter.‹«

Roberto fletscht seine Zähne in Richtung Oleanderbaum: »Ich wünsche ihr eine frohe Himmelfahrt!«

»Haste jehört, Mutter, schöne Grüße von Othello, er wünscht dir einen guten Flug nach Mallorca.«

Das Telefon klingelt, es ist nicht »Mutter«, sondern Emil: »Anke kriegt 'n Kind!«

»Ja?« Du bist hell begeistert. »Wat Besseret kann ihr doch jar nich passieren. Freut se sich?«

»Wie verrückt! Aber, Ende August entbindet se, und September is Premiere.«

»Na und? Denn wird se ihr Kind eben inner Garderobe stillen, jenau wie die Frederic dit mit Maxi jemacht hat. Wat jibt's denn da für Probleme?«

Unsre Anke! Von der die Zeitungen später schrieben, daß der Friedrichstadt-Palast in ihr eine neue Lisa Minelli entdeckt hat. Gibt ihren Einstand nicht nur als Sängerin, sondern auch gleich noch als frischgebackene Mutti. Schön! »Dit einzige, woruff se jetzt uffpassen muß, is, daß se hinterher noch in ihre Bühnenklamotten rinpaßt.« Du lachst, nimmst den Hörer von dem »jemeinen Telefon« und flüsterst ängstlich: »Mutter, er ist schrecklich, wenn sein Auge rollt.«

Wir müssen lachen, denn Roberto sieht überhaupt nicht schrecklich aus, wenn der seine Kulleraugen um- und dummkreisen läßt. Roberto versichert Dir und Deinem hübschen Gartenstuhl: »Du liegst auf deinem Sterbebette!«

Und während er an Deinem Halse rumwirtschaftet, röchelst Du: »Mutter, sollte er mich ... , dann schütte meine Asche nicht von der Seufzerbrücke, sondern bringe sie aufs Finanzamt, damit sie endlich alles von mir haben!«

Roberto schüttelt Dich wie einen Pflaumenbaum: »Oh, dieses Weib! Oh, diese Klappe! Ich muß sie zweimal totschlagen! Helga, ich muß mein Flugzeug nach München schaffen! Pfüat euch! Bussi, Bussi!«

»*Kessel*-Time« ist passé, und ich begebe mich wieder in mein Revue-Bordell und bastele an einer Szene, die dem Trend der Zeit entspricht, denn, so kurios es klingt, Altmeisterin Beate Uhse steht auf der Hitliste der männlich Gewendeten auf Platz eins. In langen Schlangen, wie weiland vor unseren Schlächterläden, beweisen zarte Jünglinge und rüstige Opas angesichts der »Stellungen«-Angebote beachtliches Stehvermögen.

»Möchte mal wissen, wie die das früher ohne diese Shops gemacht haben«, mußte ich mich aufpusten, und Du hast allen Ernstes den Vorschlag gemacht: »Soll ick anhalten? Kannst die Leute ja mal fragen.«

»Warst du schon mal im Puff?« Ich wollte witzig sein, aber von Dir kommt bierernst: »Na klar!«

Mir verschlägt's die Sprache, deshalb staune ich dumm wie Stulle: »Ach, wo denn?«

»In Köln.«

»Ach.«

»Mensch, Gela, kannste mal mit deinen intelligenten Zwischenrufen uffhören? Doch nich, wat du denkst. Ick hab in Heinzens Etablissement übernachtet. 'ne Domina hatte Urlaub, also hat er mir ihr Zimmer jejeben.«

»Haste nich Angst jehabt, daß die Freier dich vielleicht mit der anderen verwechseln?«

»Nein, Frau Pastor, ick hatte alles züchtig verriegelt und verrammelt.«

»Muß trotzdem ’n komisches Gefühl sein, oder?«

»Ach wat, bis uff die paar Peitschen und Handschellen ’n janz normalet Hotelzimmer!« – und hast mich Kamel einfach ausgelacht.

Kordula hat ein riesiges rundes Bett in die Bühnenmitte gestellt, und ich überlege, ob ich dich nicht als ehemalige Exquisit-Hostess auftreten lassen sollte, die einen neuen horizontalen Wirkungskreis sucht und dabei auf einen »gewendeten Werkleiter« trifft, von Alfred Struwe gespielt. Ich sehe Dich schon im dunklen Kostüm, eine Mischung aus FDJ-Funktionärin und Valuta-Hure, sehr forsch auf »Wende« zugehen, der aus dem Interhotel-Club eine Eros-GmbH gegründet hat:

»Guten Tag, Genosse Werkleiter. Bitte, behalten Sie doch Platz. Akademiker?«

»Selbstverständlich! Später allerdings Werkleiter für rauhfutterverzehrende Großvieh-Einheiten.«

»Ich habe Nat. Pol. Ök. und war Hauptpostschließanlagenberaterin.«

»Donnerwetter!«

»Na, dann wollen wir mal. Wo sind die Werkbänke? Ah, dort! Rund? Warum denn das?«

»Nun, für Gespräche im runden Bett.«

»Sehr gut, so haben wir es auf der Leipziger Messe auch immer gehalten.«

»Bei uns werden natürlich nur höhere Funktionäre bedient, nicht wahr? Der Kavalier genießt und …«

»… tratscht alles rum. Tun Sie doch nicht so, als könnten Sie keine Reklame gebrauchen.«

Jetzt solltest du unter das Bett kriechen, da unten herumrumoren und fragen:

»Wo sind sie?«

Wende kriecht hinterher, so daß der weitere Dialog unter dem Bett stattfindet, was später ungeheure Probleme mit dem Ton ergab:

»*Wo sind was?*«

»*Die Wanzen natürlich.*«

»*Ich bitte Sie, doch nicht so laut, der Kammerjäger war drei Tage lang hier, es ist alles tadellos entwanzt.*«

Staubig und zerknittert krabbelst Du unter dem Bett hervor, hältst triumphierend eine Wanze in der Hand: »*Bis auf die hier! Hast Glück, Genosse, daß ich Pionierleiterin war und mit meinen Kindern schon immer sämtliche feindlichen Nester aufgestöbert habe.*«

Wende schiebt sich hinterher, versetzt wütend dem Bett einen Tritt: »*Scheiß An- und Verkauf!*«

»*Siehst Du, Genosse, wegen so einer häßlichen kleinen Falle wurde ich auf einem FDJ-Ball fälschlicherweise als Prostituierte bezeichnet.*«

»*Das kann Ihnen hier aber nicht passieren, denn hier kennt Sie doch keiner so genau.*«

»Hm«, machst Du, als Du fertig gelesen hast, »und wat spielt mein Alfred?« Noch mal zur Orientierung: Alfred Müller war Dein Alfred und Alfred Struwe in Deinen Augen mehr »Häppchens« Alfred, die aus der Zahnarzt-Fernsehserie.

»Tja«, hab ich zerknautscht gesabbelt, »dann muß ich mich nochmal drüber hermachen.«

»Ja, mach mal, Gela. Alfred spricht so 'n herrlichen Lausitzer Dialekt, wir könnten doch 'n janz unbedarftet Ehepaar aus Görlitz sein, wat aus Versehen in Berlin in ein Bordell jeraten is. Beede denken, se sind im Kino. Findste nich?«

»Doch, doch, bloß ...«

»Ach, Du machst dit schon, Alte.«

Nun spinne ich also rum, wie ihr beide, Du in Deiner bunten Strickjacke, Dein Herr Gemahl in einem konsumgrünen Anorak, vor dem Lotterbett steht, und Du bezweifelst:

»*Erwin, dit is doch nie und nimmer 'n Kino. Hier sollen se ›Schwarzwaldmädel‹ spielen?*«

»Wat se spielen tun, werden wir ja sehn. Vielleicht geben se ›XYZ ungelöst‹, da spielt mein Freund Paule schon das dritte Mal mit.«

Jetzt erscheint »der mit der GmbH«, und Du fragst: *»Sind Sie hier der Platzanweiser?«*

»Ja, aber auch der Besitzer.«

Erwin schüttelt ihm minutenlang die Hand: *»Sehr erfreut. Wir stammen aus Görlitz. Scheene Gegend, und noch so richtig ursprünglich, wir sehn immer noch bei Kerzenlicht fern.«*

»Wann beginnt denn hier die Vorstellung?«

»Gleich, wenn Sie wollen.«

»Siehste, Hertha, das is hier 'n Service, was? Spielen Se am besten was mit Musik, meine Frau is nämlich sehr musikalisch, hat zu Haus wunderhibsch Klavier gespielt, jedenfalls bis der Klavierstimmer kam. Erinnerste dich, Hertha, der große Kerl mit dem Beil, der unser scheenes Klavier kurz und klein jehackt hat?«

Abends kommst Du vorbei und liest Dir die Szene durch, bist aber unkonzentriert, sagst wie abwesend: »Ick war bei Sasses Mutter (Helga Sasse war Hennes Freundin). Seit ihrem Schlaganfall liegt se im Krankenhaus, kann sich nich bewegen, nich sprechen, nur ihre Augen sind noch lebendig. Ick hab mich an ihr Bett jesetzt, ihre Hände in meine jenommen, darauf haben ihre Augen richtig jeglänzt: Und als ick ihr janz leise int Ohr jesungen habe: ›Wenn ich ein Vöglein wär‹, sind zwee dicke Tränen über ihre bleichen Wangen geloofen.«

Du siehst mich an, am ganzen Körper bebend: »Aber meinste, von dem medizinischen Personal kümmert sich eener um die Rehabilitation dieser Frau? Nischt passiert. Sie liegt da, wird jewaschen und jefüttert, aus! Als wenn se schon tot is!« Ich bringe Dir einen Cognac, denke, daß Du den jetzt brauchst, Du kippst ihn achtlos runter und schnauzt mich an: »Über so 'ne Unbarmherzigkeiten mußte mal wat schreiben!«

Hatte ich schon. Das war nach einem Zeitungsartikel über

menschenunwürdige Zustände in Alten-Pflegeheimen. Damals hattest Du an den Rand des Artikels geschrieben: »Hehre Worte! So einfach!«

Trotzdem versuch ich's jetzt, wo es Dich unmittellbar betrifft und aufwühlt, noch einmal und schreibe:

Du kommst am Morgen pünktlich
durch diese weiße Tür!
Mißt Fieber!
Du bist gründlich!
Sonst willst Du nichts von mir!
Du flitzt herum – herüber –
Ich atme Deo-Duft!
Aber ich bin nur Luft -
für Dich nur Luft!
Zwei hübsche blaue Augen
sehn streng an mir vorbei!
Wäschst meine Ohrn, die tauben
und fütterst mich mit Brei!
Dein pralles Leben beugt sich
hinab in meine Gruft –
aber ich bin nur Luft –
für Dich nur Luft!

Wenn ich ein Vöglein wäre
und auch zweei Flügel hätt –
ich flöge über Meere –
weit fort von diesem Bett!
Du bist verdammt geschäftig
und tust auch Deine Pflicht!
Doch barmherzig – nein –
das bist Du nicht!
Doch Erbarmen – nein –
das kennst Du nicht!

Du kommst am Morgen pünktlich
durch diese weiße Tür!
Mißt Fieber!

Du bist gründlich!
Die Beste im Revier!
Und hab ich mich verkrümelt,
dann ist selbst das verpufft,
denn leider merkst Du's nicht mal,
ich bin ja Luft!

Kyrie Eleison!

»Mir zu traurig.« Du holst den Titel aus Deinem Einkaufskorb. »Aber, der Titel *Ach Karl* ist ja nun auch nicht gerade lustig.«

»Ja schon, aber so 'n Wechselbad der Jefühle kann ick mir immer nur mal zwischendurch erlauben, is ja eigentlich nich meine Aufgabe. Die Leute, die zu mir kommen, wollen, daß ick se aufheitere, die armen Hunde haben ja im Leben sowieso nich viel zu lachen.«

Das ist wohl wahr. Wo Du auch hinkommst, hört man laufend: »Helga, erzähl mal 'n Witz! Willste nich Sonnabend zur Grillparty ufftreten, wir wollen mal wieder so richtig ablachen!«

Eine Stunde später bist Du aber schon wieder eifrig bei der »Altenpflege«, als wir zu meiner Nachbarin einen Topf Suppe rüberjonglieren und Du schon von weitem brüllst: »Mach de Türe uff, Frau Sylla, die Heilsarmee is da!«

Jedes Jahr, kurz vor dem achten September, kommt vom Ballett die Suggestiv-Frage: »Henne, wat machst'n zu deinem Geburtstag?«

Und fast ohne Ausnahme Deine geseufzte Antwort: »Kartoffelsalat, ihr alten Huppdohlen!«

Freudenschreie hüpfen von Garderobe zu Garderobe: »He! Henne feiert! Nicht vergessen, Henne hat Geburtstag!«

Arme Henne! Der Tag fing meistens damit an, daß irgendwelche Reporter zäh wie Sirup an Deiner Gartentür klebten, um ein Foto von der »fünfzigjährigen« Helga Hahnemann in Morgenrock und Lockenwickler zu schießen.

Im Laufe des Vormittags erscheinen die »Offiziellen« von Bühne, Funk und Fernsehen mit überdimensionalen Blumensträußen zur kurzen Gratulation und zum langen Palaver bei etlichen Flaschen. Dann kostest Du mit Erika den Salat, das heißt, Deine Erika kostet, und Du sprintest wegen der andauernden Telegramme zwischen Tür und Teller Jahresbestzeit.

Pitti und Mauzer haben noch nicht mal aufgefressen, da fallen sie wie die Heuschrecken über Dich her: Vorne durch die Haustür, hinten über die Terrasse, immer geballte Ladungen: Reizende Tänzerinnen, rückenfrei, alte Schachteln, kniefrei, bierbäuchige Joviale in Dinner-Jacketts, fernsehgebeutelte Macher in Testbild-Blousons, Tänzer in Stonewashed und die vom anderen Ufer in Seide und Kaschmir. Und über allem thronst Du, in Baumwolle und bunt.

»Haste den Wahnsinns-Salat schon probiert?« fragst Du unschuldig, obwohl Du weißt, daß ich aus meiner schwarzen Hose rausgeplatzt bin und deshalb die ausgebeulte graue anziehen mußte.

»Erika macht immer saure Sahne ran, und für Obstsalat nimmt se süße.« Dabei läßt Du Dir die Happen genüßlich auf der Zunge zergehen, und ich haltloses, verfressenes Weibsstück schlage nun auch wie eine seit drei Wochen hungernde Löwin zu. Tamara kommt mit verweinten Augen die Treppe runter. »Wat hat das Mädel denn?« Ich bin ganz Mitleid. »E.T. hat se jesehn! Kannst hochjehn, Chor und Ballett kieken sich dit bestimmt noch zum dritten Mal an.«

»Hm, Schwartelbraten!« Mit tropfendem Zahn haben wir uns um Schubi geschart, die an der Schwarte herumsäbelt und säbelt und »... hau ab, laß Mutter dit mal machen«, greifst Du endlich ein. »Mit so 'nem Messer!« Du nimmst es ihr aus der Hand und siehst sie tadelnd an: »Da kannste ja druff reiten, Mensch. Hier, dit is 'n richtiget Fleischmesser!« Wie eine gelernte Blockmamsell zerlegst Du mit einem Scharfgemachten den Braten in zierliche Scheiben, uns dabei noch belehrend, »daß man Fleisch niemals von der Seite, sondern immer von der anderen schneidet, aber dit begreift ihr Dummbatze ja doch nie!«

Inge sitzt in der Küche neben Margots Cockerspaniel Minka – oder »Minki-Stinki«, wie Du sie immer neckst. »Nischt mehr zu fressen jeben, die kotzt sich nachher dot!« befiehlst Du streng. »Ach, sieh doch mal, wie traurig die kuckt!«

»Die kuckt immer so, wenn se kuckt.« Dann zu Inge: »Sag mal, hast du noch deine Quelle?«

»Leider nicht«, bedauert Inge. »Ich hatte eine eins zu vier, weißte ja, aber jetzt will sie eins zu fünf, und da ist meine Schmerzgrenze erreicht. Ist zwar traurig, wenn ich mir jetzt in Bulgarien abends nich mal 'n guten Cognac leisten kann, aber bei dem Kurs hört der Spaß für mich auf.

»Vielleicht hätte ick eine.«

»Ehrlich? Henne, gibst du sie mir?«

»Ick sage doch ›vielleicht‹. Muß se ja erst mal anzappen. Wenn ick se habe, kriegste se, is doch logo.«

»Ach, das wär dufte, abends, da brauch ich halt meinen Cog ...«

Inges Geplausche ging in einem Riesengejohle unter, ein neuer »Dampfer« war nämlich soeben eingetroffen.

»Zu trinken steht draußen in der Badewanne!« rufst Du.

»Schau, denn bleiben wir gleich draußen neben der Wanne sitzen, eh!«

Eigentlich sind an Deinem Verandatisch nur sechs Sitzgelegenheiten, heute allerdings quetschen sich mindestens zwanzig rauchende, schluckende und durcheinanderredende Typen um das Möbel herum, ohne daß sich auch nur einer beengt fühlt.

Du schiebst Dich durch deine bunten Fliegenabwehrbänder an der Tür: »In der Garage is Disco, Leute.«

»Tanzen?« mault dein Ballett. »Dit müssen wir doch schon den ganzen Tag.«

»Komisch«, bemerkst Du, »voriget Jahr haben sich dadrinne mindestens fünfzig Fijuren beim Tanzen jegenseitig auf de Hände jetreten.« Du siehst auf Deine Uhr. »Ach, stimmt ja, um die Zeit müßta euch ja erst warmmachen, mit Brause, stimmt's?«

Es wird bedrohlich voll auf Deiner Hacienda, so daß einige

Gäste sich schon kreischend in Deinen Pool stürzen müssen. »Werden se morgen wieder erzählen, bei dir war 'ne Orgie«, lacht Fernando, einer der »Richtigen« beim Ballett.

»Laß se doch!« meinst Du kaltblütig, und Daggl berichtet aus ihrem trauten Heim: »Das bissel Geplansche ist doch noch gar nichts. Auf meiner Party sind neulich acht Mann samt Tisch in den Pool gekippt.«

Die ersten gehen so gegen 1 Uhr, und die letzten, der sogenannte harte Kern, geht gar nicht. Wie die Hühner auf der Stange hocken sie oben in Deinem Arbeitszimmer, glotzen Videos über sich selbst und wollen sich schier kaputtlachen, daß »olle Dan« wie so 'n eingewickeltes Brot dem Orchester-Chef Alfons vor die Beine kullert. Alfons grinst: »Zuerst hab ick ja auch jestaunt, wie da plötzlich so 'ne Mumie uff mich zurollt, bis ick jemerkt habe, daß dit die Choreografie is. Zehn Tage lang hatte ick den Abend für Abend vor meine Stiebel rumzuliegen!«

Selbstverständlich war von Deiner *Topp-Musike*-Show die Rede, mit einem Deiner »berühmten Entrees«: Du schwebst geglamourt wie eine Hollywood-Diva von der Palast-Decke herab, machst, wie beim Grand Prix des Chansons, eine internationale Ansage: »Ladies and gentlemen, mesdames – messieurs, welcome to my Show in the big People-Palace of Berlin«, nimmst danach das federgeschmückte Perücken-Ungetüm vom Kopf und verkündest: »Damit ist der internationale Teil meiner Show wegen Devisenmangel beendet!«

Am nächsten Vormittag, als ich mein Auto abhole, sitzt Du schon wieder »frisch geschwommen« auf Deiner Veranda und frühstückst.

»Kiekste, wat? Allet schon wieder Paletti! Sag mal, Alte, da war doch noch wat? Hattest Du jestern nich Hochzeitstag? Den wievielten? Vierzigsten Jahrestag? O Gott, da wird dir wohl lebenslänglich nicht erspart bleiben!«

»Die hier hab ick mir ausjesucht.« Du streichelst Lilos Fell. »Sind echte Hauskühe!«

Wir stehen beide im Stall vom Winterquartier des Zirkus

Berolina und sind begeistert von Deinen »Zöglingen«, mit denen Du in der »Nacht der Prominenten« die Manege abgrasen willst.

»Die anderen Künstler haben sich natürlich attraktivere Nummern – Raubtiere oder Elefanten – ausjesucht, aber ick finde meine ›Mädels‹ hier jut, die haben so sanfte Oogen.«

Wir sind glücklich und zufrieden mit Deiner Wahl, denn an und für sich lieben und bewundern wir zwar alle Artisten, hassen aber jede Art von Tierdressuren, weil wir uns beim Anblick einer noch so exzellenten Nummer jedesmal bange fragen: Wie bringt man einen Seelöwen dazu, mit seinen Flossen Beifall zu klatschen? Oder Elefanten, auf einem Bein zu stehen? Oder eine Kuh, auf Knien durch die Manege zu robben?

»Wirste nachher gleich sehn, da is nämlich Probe anjesetzt.«

Heut noch krampft sich in mir alles zusammen, wenn ich an diese entsetzliche Vorführung denke. In einem regelrechten Peitschenhagel mußten diese armen Tier ihre Runden drehn, so daß sie ununterbrochen mit den Augen blinzelten, und wurden bei irgendwelchen idiotischen Drehungen gepiesakt und gezwickt. Ich konnte nicht mehr, mußte raus und mich übergeben. Du bist mir nachgerannt und hast mitfühlend gesagt: »Mensch, Gela, wenn de bei sowas schon schlapp machst, denn muß ick dir leider sagen, daß du nich lebensfähig bist! Im Ernst! Denn kannst du nämlich nie in ein Land fahren, wo se Hunde mit Fußtritten bearbeiten oder sojar uffhängen und als Delikatessen ufffressen. Sieh mal, Marokko is ein wunderschönet Land, aber 'n Esel oder 'n Kamel darfste da nich sein!«

Ich hatte mich schon wieder einigermaßen erholt, war aber immer noch der Meinung, daß ich den Zirkusleuten sofort ein paar auf die Schnauze androhen müßte, falls sie mit dieser widerlichen Quälerei nicht aufhörten.

Da hast Du meine Hand genommen und mir versprochen: »Ick schwöre, daß ick diese Tiere wie kleine Kinder behandeln werde. Von mir hören se weder ein böset Wort noch kriegen se Schläge. Einverstanden?«

Am nächsten Morgen um 6 Uhr warst Du schon da mit Deinem Korb, ich hatte inzwischen unseren Apfelbaum geplündert, bis 7 Uhr haben wir geschält und in Viertelchen geschnitten, und um 7.15 Uhr hast Du Susi, Lilo, Carmen und wie sie alle hießen eigenhändig gefüttert, gestreichelt und mit ihnen »von Frau zu Frau« gesprochen. Einen Tag später schon haben sie ihre Köpfe nach Dir umgedreht, wenn Du von der Stalltür aus ihren Namen gerufen hast, und mit einem freundlichen »Muh« geantwortet. Später, als Du Lilo schon als »neuen Dienstwagen« benutztest, auf ihr zu reiten lerntest wie ein »Cowgirl«, machte die »Kleene«, wenn sie Deine Stimme hörte, schon ihren Rücken krumm, so lieb war die.

Dein Auftritt in der »Nacht der Prominenten« war eine Sensation: Du in einem vergoldeten Dirndl, Tirolerhütchen und Stocklocken, und an Deinem Podex war ein Melkschemel festgeschnallt. Das Publikum amüsierte sich königlich darüber, wie die fesche Sennerin ihren Kühen über die Alm nachstolperte. Aber dann wollte Carmi nicht in die Knie gehen, warum sollte sie auch? War ja keiner da, der sie durch Hiebe dazu zwang. Und Du hattest ja versprochen ... also, erst noch ein hilfloses »Uwe, die will nich« an den Dompteur, der, wie ich vermute, auf Deinen Befehl hin seine Peitsche nur trug, um sich daran festzuhalten, und dann: Die Zuschauer schlugen sich auf die Schenkel, denn Du selbst watscheltest auf allen Vieren durch die Sägespäne, Carmen dabei ermunternd: »Paß mal uff, Carmi, ick mach's dir nochmal vor, ja?« Und siehe da, Carmi hatte ein rindermäßiges Mitleid mit Dir »kleenem Menschenkind« und sackte wie ein Sack ebenfalls in den Staub. Nur Dein fröhlich angestimmtes Lied *Ich geh vom Nordpol zum Südpol zu Fuß* wollte sie nicht mitmuhen. Vielleicht mochte sie es auch nicht.

Gestern war ich nach langer Zeit mal wieder beim Fernsehen in Adlershof, das heißt, mit Fernsehen hat diese Geisterstadt nur noch sehr wenig zu tun. Ich habe mich so erschrocken, Henne, als ich diese abgebröckelten, traurigen Kasernen-

... »dit Lachen wird Ihnen gleich vergehen, dit is nämlich der neue Dienstwagen.«
Henne mit »Lilo« in der »Nacht der Prominenten«

blöcke sah, kein Mensch ist mir begegnet, meine Absätze haben auf dem Beton derart widergehallt, daß ich auf Zehenspitzen gegangen bin.

Das Schneidehaus verriegelt und verrammelt, also bin ich die Außen-Wendeltreppe hochgeschlichen und habe vom Balkon aus in den Schneideraum reingelinst, wo Klaus den Film *Dicke da* gecuttert hat. Er, ganz Kavalier, hat uns mit einem Glas Wein begrüßt, später nochmal eingeschenkt, die Vorhänge zugezogen, und dann haben wir – obwohl es streng verboten war – gepafft wie die Schornsteine.

Heute sind die Räume alle leer, nebenan im Synchron-Studio hat sich einer selbständig gemacht, steht dran: GmbH. Ich war direkt froh, daß nicht alles toter als tot ist. Das Kabuff, in dem Trude die Fotos für Deine erste LP schoß, gibt es noch, steht immer noch ganz protzig »Foto-Atelier« dran. Und gegenüber, wo Adameck saß, stieg eine »Gang von Machern« in die einstige Chef-Etage.

In den MAZ-Räumen, die früher »Top-Secret« waren, fragt dich heute kein Türhüter mehr, aus welchem Grunde du geboren bist, auch die MAZ-Menschen stellen – außer: Wer bezahlt den Termin? – keine bohrenden Fragen. Sie geben dir sogar die Hand, sind nett und lieb, würden durcharbeiten, wenn ich es wünsche, machen aber auch Pause, wenn ich es wünsche, is dit'n Ding?

Weißte noch, Hennekin, wie wir früher in diesen widerlichen sogenannten »Abnahmeräumen« gesessen haben? Und immer nachts! Unsere erste Amtshandlung war jedesmal, die tausend hinterlassenen Zigarettenkippen wegzuschmeißen. Trotzdem roch es ekelhaft, wie in einer alten Spelunke, und wir – nach acht Stunden – ebenfalls wie aufgeweichte olle Zigarettenstummel.

Dann stand auf dem Tisch dieser schwarze Sprech-Kasten, die einzige Möglichkeit, sich mit den Kollegen der MAZ zu verständigen. Alles war so geheim, daß Fernsehleute westlicher Medien einen Lachkrampf gekriegt hätten, wenn sie gewußt hätten, welchen Sperrmüll wir in unserer Anstalt so hektisch bewachten.

Damals hockten wir in dem dusteren Loch, und kurz bevor wir vor Müdigkeit vom Stengel fielen, riß eine unpersönliche, meistens weibliche Stimme Dich und mich aus unseren Alpträumen mit der Anweisung: »An der Stelle, wo der Schnitt sein soll, drücken Sie die Taste.«

Nun stierten wir mit rotumränderten Augen auf den Fernseher, wurden nach und nach richtig wach und lebendig, als wir Dich auf der Bühne rumhampeln sahen, unsere Finger schweben »alarmbereit« über dem Knopf – Achtung – »... jetzt los, Gela!«

»Zu spät«, triumphiert die »große, unsichtbare Schwester«. »Bitte noch einmal!«

Auf dem Schirm läufst Du jetzt rückwärts, sehr ulkig, der Ton quietscht. »Rhabarber-Rhabarber«, auch darüber amüsieren wir zwei technischen Nieten uns wie Krippen-Kinder, aber: »Diesmal packen wir's, Gela, Hände weg, ick mach dit!«

Wie zwei Sprinter im Tiefstart lauern wir auf den Schuß, jawoll, peng, das saß! Dachten wir. »Scherzkekse!« tönt es. »Sie können sich den ›kriminellen Schnitt‹ ja mal ansehen!«

»Ja, möchten wir.«

»Bitte.«

Langsam kommen wir uns vor wie einzellige Lebewesen, denn: Wir merken den Krimi nicht! Seufz, seufz, seufz – dringt es aus dem Kasten, Madame will versuchen, ohne unsere primitive Mithilfe zu schneiden. So beschenkt bedanken wir uns überschwenglich und nicken erschöpft wieder ein. »Haben Sie den Schnitt gesehen?« werden wir unsanft geweckt, daß wir im Moment nicht wissen, in welchem gastlichen Fernseh-Sender wir uns befinden. »Hast Du wat jesehn?« flüsterst Du.

»Nee, was spielen sie denn heute?«

Wie gesagt, wir sind nicht zurechnungsfähig, was von den Geheimnisträgern jenseits des schwarzen Kastens mißbilligt wird.

»Äh«, raffen wir uns auf. »Könnten Sie uns den Schnitt vielleicht noch einmal zeigen?«

»Tut mir leid, ihr Termin ist zuende. Gute Nacht.«

Gestern habe ich mir in aller Ruhe Deine Sendungen zu Gemüte geführt, niemand hat mich gedrängt, mich rausschmeißen wollen, im Gegenteil, herzlich gelacht haben alle bei jedem Gag und gesagt: »Mensch, is die jut, die Frau!«

Schön, nicht?

Ich war dann noch in der Caféstube. *Casino*, *Suppenschmiede* und so, die sind ja alle zu.

Weißte noch, wie wir einmal den ganzen Tag in der Caféstube gesessen haben, weil wir nicht drehen konnten? Wie? Ja, Kaffee haben wir auch getrunken, aber erst hinterher. Voll wie die Gartenschläuche sind wir doch dann mit unsren Petticoat-Kleidern unter den Rasensprenger gekrochen und haben gekreischt wie die … na ja, es war aber auch ein heißer Tag, eh.

Gestern kam in der Caféstube ein Kamera-Assistent auf mich zu, hat fürchterlich gestaunt: »Mensch, Gela, wat machst du denn hier?« Und als wären nie zehn Jahre ins Land gegangen, habe ich auf den Platz neben mir gezeigt: »Ich habe auf dich gewartet.«

Es ist Nacht, und auf der Baustelle steht ein riesiger Kran, so hoch, wie ich noch keinen gesehen habe, mit einem mindestens zwanzig Meter langen Ausleger. Du bist schon da oben, brüllst zu mir herunter: »Los, komm ooch hoch, Alte, von hier haste eine dolle Aussicht!«

Komm hoch! Leicht gesagt, ich halte mich krampfhaft an dem Gestänge fest, krieche auf allen Vieren. »Nicht runtersehen!« ermahnst Du mich, aber es ist wie ein Zwang, ich drehe meinen Kopf in Richtung Abgrund, unten stehen viele Menschen, nervengekitzelt die Hälse nach oben gereckt. Mir wird schwindelig, ich will wieder runter, suche die Sprossen, es ist keine da! »Halt dich am Kuchenregal feste!« rufst Du. Am Kuchenregal? Wo denn? »Immer ditselbe mit dir, keine Kondition«, schimpfst Du, »paß uff, daß de im Fallen keenen Zuschauer triffst, Oma, wegen der Hygiene!« Aber mir ist das egal, ich falle wie ein Stein ins Bodenlose, mein Magen dreht sich um wie auf der Achterbahn …

»Du frißt abends eben zu viel Schokolade, deswegen träumste so 'nen Müll«, sagst Du lachend am nächsten Tag. »'n Psychiater hätte an dir seine helle Freude, der würde den Traum sicher so deuten: Icke auf der Höhe meiner Karriere, und du uff'm absterbenden Ast.«

Hast recht, diese Schokoladensucht bringt mich nochmal um, aber Du bist ja auch nachts, weil Du nichts Schokoladiges im Hause hattest, in die Küche gerannt und hast aus Zucker und Butter auf der Pfanne Bonbons gekocht.

Aber dieser Traum, ich habe ihn mir später noch so oft in halbwachem Zustand ins Gedächtnis zurückgerufen und mich gefragt: Dieser verdammte Kran, führte der nicht auf direktem Wege ins Himmelhoch? Ach Blödsinn, Träume sind Schäume! Außerdem ist das *Kiek-ma-an*-Buch fertig, und morgen kommen die beiden Alfreds und Du zu mir zur Leseprobe.

»Warum is 'n Henne eigentlich nich da?« wundert sich Alfred Müller. »Wenn Probe anjesetzt ist, müßten ja wohl alle kommen, nich bloß wir beide, oder?«

Ich nicke, der andere Alfred nickt auch, aber ich weiß nicht, was los ist, habe zig Mal bei Dir angebimmelt. Du bist nicht da.

Ich eier herum: »Henne hat doch jetzt ihren Kopf mit dem *Kessel* voll, läßt euch übrigens schön grüßen ...« und solches Bla-bla; Alfreds Blick spricht Bände, er weiß, daß ich lüge.

Emil ist in seinem Element, hat die Hälfte von Berlins »Yellow Press« zum ersten hautnahen Touch mit der neuen Revue bestellt, ich hole mein »Stadt-Meißen« aus dem Buffet, tische Krümelkuchen auf, die beiden Alfreds, Emil und mein Hund werden fotografiert, nur schade, daß Frau Hahnemann fehlt.

»Wo warst du denn?« will ich abends um 11 Uhr endlich wissen.

»Ick? Inner City.«

Das sagst Du so locker-leicht, daß ich richtig grantig werde. »So, inner City. Wie schön, und wir haben wie die Nappsülzen herumgesessen.«

»Warum habt ihr denn nich jeprobt?«

Nun wird's verrückt. »Ohne dich? Wie stellst du dir das vor, hm?«

»Janz einfach: Du hättest meine Rolle doch lesen können. Is doch sowieso noch nich richtig ernst, Gela. Wenn die Proben im Friedrichstadt-Palast anfangen, hol ick dich ab, o.k.?«

Mir bleibt die Spucke weg. So kenne ich Dich ja überhaupt nicht. Sonst warst Du doch immer die erste, hast alle gescheucht, Regisseure haben ihren Beruf verflucht, weil Du hartnäckig einen ganz bestimmten Hintergrund haben wolltest, der, wenn man ihn Dir nicht mit Engelszungen ausgeredet hätte, die gesamte Beleuchtungsanlage lahmgelegt hätte.

»Hast du denn überhaupt schon was gelesen?« stänkere ich noch, obwohl ich weiß: Haste nicht.

Heute fangen wir im Friedrichstadt-Palast mit dem ersten Bild an. Ich bin ausgeschlafen, war drei Tage in Ahrenshoop, das Buch ist, wie alle sagen, gelungen, und ich freue mich wie ein Schneekönig auf die Arbeit mit euch.

Als ich zu Dir ins Auto steige – keine Musik. Ungewöhnlich zwar, sonst jazzt es bei Dir nämlich immer in ziemlicher Lautstärke, heute nicht, auch gut, ich bin voller Tatendrang, Du anscheinend auch, sagst nur noch zur Tagesordnung: »Paß uff, Gela, Änderungen am Spielbuch machen wir natürlich nur zu dritt, is klar, nich?«

»Alles klar«, sag ich, zum Äußersten bereit, weiß doch, jetzt muß man feilen, damit ihr die Worte in »die Schnauze kriegt«, wie man so schön sagt.

Nur zwanzig Minuten später ist alles kaputt!

Erwartungsvoll sitze ich, mit dem Buch auf den Knien, im Probensaal, als Du mich kurz ansiehst und aufforderst: »Du kannst abhaun!«

Zuerst denk ich selbstverständlich, ich bin gar nicht gemeint, vorhin war doch noch die Rede von »Änderungen zu dritt«, doch dann stiere ich wie eine Legasthenikerin, die das erste Mal bis drei zählt, in die Runde: Müller, Struwe, Hahnemann, Gentzmer kann abhaun!

Alle sehen mich betreten an, als ich schwerfällig aufstehe und steifbeinig zur Tür gehe. »Du kommst doch aber wieder?« höre ich Alfred Müller noch rufen, aber da bin ich schon draußen, muß mich an die Wand lehnen.

»Kannst abhaun!« dröhnt es wie Paukenschläge in meinen Ohren, »abhaun – abhaun – abhaun ...«

Ich steige die Treppe zu Deinem Schlafzimmer hoch, diese steile, gewundene, schiefe. Das erste, was Du nach dem Hauskauf gemacht hast, war, das Geländer abzusägen. »Dit sah mir zu niftelig aus.« Nun muß man natürlich höllisch aufpassen, daß man sich beim Erklimmen nicht das Genick bricht.

»Wat denkste, wie ick hier morgens runterhumpele? So!« hast Du mir vorgeführt, seitlich, immer ein Bein nachziehend. »In Jang komm ick erst, wenn Tappi (Ballettmeister vom Friedrichstadt-Palast) mit mir 'ne Stunde jeturnt hat.«

»Geturnt« ist gut. Hochleistungstraining für Profis war das. »Mach doch mit, Gela!« hast Du mich mit »dem Kopf unterm Arm« aufgefordert.

»Bist du wahnsinnig?« erschrickt sich Tappi. »Oder willste sie umbringen?«

Weißer Flokati rings um Dein Bett. Alles andere himmelblaue Blümchen, fast wie ein Mädchenzimmer.

Du hattest die Angewohnheit, alle Türen offen zu lassen. Komisch, ich auch.

Nebenan Deine Kleiderkammer (ganz am Anfang von Thiemes Arbeitszimmer einfach ein Stück weggeklaut): Da hängen sie alle, Deine Privat- und Bühnenklamotten. Eine Zuschauerin hat sich mal aufgepustet: »Warum tragen Sie eigentlich immer so großgemusterte, bunte Fummel, Frau Hahnemann?«

»Weil ick 'n Clown bin!« war Deine weise Antwort.

Das »Schwarz-Goldene« hier hattest Du in der Philhar-

Konditionstraining mit dem Fernseh-Ballet für Deine Show:
»Morgens Training – mittags Training –
tun uns auch die Gräten weh,
wir schrein nie oh je-je-je!«

monie an. »Wie finden Se 'n mein neuet Outfit?« hast Du – wie ein Cover-Girl posierend – gefragt, und die Leute haben geklatscht und getrampelt.

In Deinem Arbeitszimmer, auf der riesigen Couch mit der Patchwork-Decke, sitzen Margot und Inge, weil im Fernsehen eine Sendung von Dir läuft. Du bist so lebendig, wir müssen über Deinen Ulk lachen.

Wer hat nicht alles schon auf dieser bunten Flicken-Decke gesessen und sich bei Dir ausgeheult. Oder auch übernachtet, wenn der Haussegen schiefer als schief hing.

»Ick bin dit reinste Frauenhaus!« hast Du geseufzt. »Jeder kommt hier mit seiner verkrachten Ehe an. Erst sie, denn er, denn wieder sie, bis ick jesagt hab: So Leute, Schluß mit der Eheberatung! Habta zusammen jebumst, müßta ooch sehn, wie ihr auseinander kommt!«

Hier, in diesem Raum hast Du auch Deine Titel einstudiert. Die Demos immer »volle Pulle«, ich auf der Patchworkenen, wie immer Bonbons kauend und rumzickend: »Zu tief! Zu hoch! Hört sich falsch an! Laß, dit is super!« Bis zur Erschöpfung.

In der oberen Veranda steht noch Dein altes Sofa mit dem Eisbärenfell. Traudel würde schnattern: »Ick hab zu Hause sojar zwee Eisbärenfelle, 'n weißet und 'n braunet.«

Hier, unter dem kleinen Tisch, lag mal eine tote Maus. Du dachtest, mich murkst jemand ab, so hab ich gekreischt. Dann hast Du nur gelacht: »Tja, that's life! Katzen brauchen eben ooch ihre Erfolgserlebnisse.«

Barbara ist gekommen. Sie sieht elend aus, erzählt mir leise: »Henne hatte auf der Intensiv-Station so 'ne Chemie-Toilette, weißte? Als ich hinkam, saß sie darauf und meinte fast fröhlich: ›Kiek mal, schau, wat?‹ Dann kriegte sie einen Hustenanfall, einen Blutsturz, ist noch zum Waschbecken hin, hat nach dem Arzt gerufen, ich raus, ihn geholt, und dann lag unsere kleine Henne da, ganz still, aus ihrem Mund lief ein dünner Streifen Blut.«

Barbara weint nicht mehr, sie murmelt, wie für sich selbst: »Was jetzt auch kommt, ich weiß, wie Henne war, und das genügt mir.«

Barbara hattest Du auf einer Fahrt mit der »Völkerfreundschaft« kennengelernt, veranstaltet für die »Silbermedaillengewinner« des Landes. Du solltest auf diesem Schiff für die Unterhaltung der Spitzensportler sorgen, was sich nachher allerdings als blödsinnig erwies, denn kein Mensch kann wochenlang dieselben Lieder und Witze hören, ist doch klar.

»Gela«, hast Du mir hinterher empört erzählt, »Du gloobst ja nich, wieviel verwundete und verkrüppelte Sportler da uff dem Kahn waren! Ick sitze eines Tages in der Sauna, ja? Die Tür jeht uff, und ick denke: Wat is'n nu los? Kommen da etwa lauter Kerle rin? Nee, dit waren Mädels, Schwimmerinnen. Sooone Kreuze, sag ick Dir, dajegen kam ick mir vor wie'n schmalet Handtuch.«

Barbara hatte in der Volleyball-Mannschaft gedient, bei den Europameisterschaften die Silbermedaille erspielt, sich dabei den Hals verkorkst, und sie wurde von den Funktionären wie eine heiße Kartoffel fallengelassen. Das war der Anfang eurer Freundschaft. Jahrelang hat Barbara Deine Katzen gehütet, Deinen Rasen gemäht und mit Dir so manche Flasche Wein geköpft. Manchmal hat sie zwar auch ein bißchen rumgemosert: »Sag mal, was issen mit Henne los? Hat die momentan 'ne Meise?« Klar hatte sie die, Barbara, aber wer nicht, eh?

Im Radio bringen sie jetzt Deine Lieder.

Barbara hockt dicht vor dem Apparat auf der Erde, und es sieht tatsächlich aus, als wenn sie zu der Melodie schunkelt. Arme Barbara. Sie hatte nur die eine Freundin. Ich setze mich still dahinter und höre Dein Bekenntnis:

Ick bin ein stark berlinerndet –
nach oben hin nie dienerndet –
ein übern Witz laut lachendet –
und manchen Mist verzappendet –
uff Jeld und Auto pfeifendet –
zu Hause manchmal keifendet –
een tanzendet und springendet –
'n Ton zu tief meist singendet –
ick bin, wat alle sind:
een kleenet Menschenkind.

Ick bin ein übermütijet –
zu Hund und Kindern jütijet –
ein öfter mal besoffenet –
uff Anerkennung hoffendet –
ein stets uff Pump nur lebendet –
vor Katastrophen bebendet –
een zartet und empfindlichet –
und im Jemüt wat Kindlichet –
ick bin, wat alle sind:
een kleenet Menschenkind.

Ick bin ein ewig schuftendet –
uff Sitzungen meist verduftendet –
mit Menschen jerne quatschendet –
in manchen Fettnapf latschendet –
ick bin ein Maul aufreißendet –
uff Mißkredite schei...det –
een durchschnittlich aussehendet –
uff beede Beene stehendet –
ick bin, wat alle sind:
een kleenet Menschenkind.

Bin ein dit Leben liebendet –
die Schlüssel oft versiebendet –
een ville Fehler machendet –
und öfter sich verkrachendet –
ein oft vor Angst laut heulendet –
sich beim Spagat verbeulendet –
ein durch die Welt sich boxendet –
vor Widersprüchen strotzendet –
ick bin, wat alle sind:
een kleenet Menschenkind.

Ich ziehe mir meinen Mantel über und gehe auf die Terrasse. Novemberwetter, grau, trist, Selbstmordwetter.

Nur die kleinen »Glühwürmchen« im Baum geben ihr Bestes, um etwas Glanz in den bleiernen Hintergrund zu zaubern.

Dahinten Deine Garage. Mein Gott, was war die nicht alles: Ballett-Saal, Tischtennis-Halle, Disco-Schuppen, Bibliothek, einmal war Mauzer drei Tage lang darin eingesperrt, ist durch Deine Beine reingewutscht. Früher hattest Du überall Plakate und Poster aufgebammelt, und rechts, gleich neben der Tür, hingen an einem Seidenband zwei rosa Spitzentanzschuhe.

»Ick möchte im *Kessel* mal wie 'ne richtige Ballerina tanzen«, war Dein Vorschlag, und hättest Du mir nicht auf den Rücken gehaun, wäre ich an meiner hämischen Lache erstickt.

Emöke sah das mit den Röntgen-Augen der erfahrenen Choreografin: »Warum nicht? Du hast ein sehr gute Gefühl für deine Körper.« Unsere Emö! Vom Fernsehballett geliebt wegen ihrer traumhaften Choreografien, gefürchtet wegen ihres Konditions-Trainings, für mich in bleibender Erinnerung wegen einer Kritik, die sie während einer Kamera-Probe mit Dagmar Gelbke dem Regisseur an den Kopf warf: »Alles schön bunt, alles schön übergeblendet, aber kejn Mensch achtet auf dem Gelbke.«

Dieser Satz hat mir derart gefallen, daß ich ihn – entschuldige, Emö, eigentlich bekommst Du noch einen Groschen – für Hennes Ansage zur ungarischen *Wo is mein Jeld?*-Version verwendet habe:

»No bittaschön, Primas, laß die Gejen klingen, aber nicht so laut, sonst kejn Mensch achtet auf dem Kinstlerin.«

Der Tag, an dem Dein Spitzentanz vorgeführt werden sollte, war echt nicht »mein Tag«. Als Du mich wieder mal viel zu spät anriefst: »Gela, ick hab verpennt, komm bitte selber zur Jofa!« bin ich, wie vom Wahnsinn umzingelt, raus, rein ins Auto, rückwärts mit Vollgas gegen die Garagentür und habe dabei die halbe Wand eingerissen. Mit ohne Kotflügel und vor Wut wie Götterspeise wackelnd, habe ich mich im Ballettsaal neben Emö hingeklatscht und Dich bösartig bei deinen »Battements« und »Sträußchen werfen« beobachtet. Als Du zum Schluß wie ein »sterbender Schwan« vor dem Publikum lagst, konnte ich mir nicht verkneifen zu höhnen: »Wie unter der Guillotine!« Ich nehme an, Du hättest mich liebend gern erdolcht, aber mein Zorn war schon längst wieder verraucht, und Deiner fünf Minuten später, als ich Dir von meinem »Einfall in die Garage« berichtete.

»Ach, du warst dit?« hast Du Dich gewundert. »Dit jab plötzlich so 'nen Knall, und da dacht ick noch: Mein Jott, welcher hirnlose Autofahrer war dit denn nun wieder?«

Hinter Deiner Garage, da gab es früher mal ein kleines Zimmer mit einer »Puppentoilette« und einem winzigen

Waschbecken. Deine Mama und Dein Papa haben darin oft übernachtet.

»Mensch Papa, komm doch rüber int Bad zum Rasieren«, hast Du Dich aufgeregt, »hier haste doch keen warmet Wasser.« Aber Papa, stur wie son Maulesel: »Laß man jut sein, Mädel, ick rasier mir, wo ick will!«

»Gela, kannste dir dit vorstellen?«

Ja, natürlich! Jetzt war mir auch klar, von wem Du Deinen Dickschädel geerbt hast. Von Deiner Mama nicht. Abends habt ihr dann zusammen Karten gekloppt. »Bloß Mutti, die erzählt dabei immer soviel!«

»Kennste die noch, Helga? Die vom Jemüseladen um die Ecke. Die geht ja nun immer mit dem Heiko surfen!«

»Wenn de nich sofort dein Karo ausspielst, jehn wir int Bette«, hat Papa sauer jebrummt, »außerdem, wat heißt hier surfen? Ick trink ooch janz jerne mal eenen.«

Einundneunzig Jahre alt ist Dein Papa geworden. Auf Deiner letzten Platte haben wir einen Ausspruch von ihm verewigt:

»Mädel, wer mit Fremdwörtern nicht konfekt ist, sollte damit ooch nich renovieren!«

Ich gehe langsam bis zu Deinem Pool hinten im Garten, er sieht verwaist aus wie Pitti und Mauzer, die mir in einiger Entfernung lautlos folgen und mich mit ihren klaren Augen aufmerksam beobachten.

»Haste jehört, ick hab mir 'ne Insel gekooft!« riefst Du mir aus Deinem Schuppen zu.

»Ehrlich? 'ne richtige Insel?«

»So isset, meine Taube«, damit flog eine grellbunte Gummi-Insel mit wabbeliger Gummi-Palme ins Wasser, und Du, in voller Montur, über mein dämliches Gesicht laut lachend, kopfüber hinterher. Davon habe ich noch ein Foto, leider unscharf, Du Verrückte!

In Deinem Wohnzimmer steht jetzt Brigitte, sie hat es eben erst erfahren, kann es nicht begreifen, sieht hilflos um sich, flüstert: »Sie fehlt mir so!«

»Fahr ruhig schon nach Hause«, sagt Inge. »Ich bleibe noch bei Barbara, die braucht jetzt jemanden.«
Ich nicke, gehe, ohne mich umzusehen, aber als ich die Gartentür hinter mir zumache, ist mir, als wenn ich ein halbes Leben hinter mir lasse.

Bühneneingang vom Friedrichstadt-Palast. Gleich hinter der Pförtner-Loge sehe ich Dein Bild, Blumen, ein schwarzes Band. Du lachst auf dem Foto, als wolltest Du sagen: »Jeh schon mal vor, Gela, ick komme gleich nach.«

Die Tür mit dem Summton spuckt unaufhörlich neue Gäste in das Foyer, alle in feierlicher Kleidung, eigentlich ist es wie zu einer Premiere, nur für uns beide ist es die letzte Vorstellung. Die Treppe rauf, den Gang lang, hier haben Deine energischen Schritte von den Wänden widergehallt, damit jeder gleich wußte: Henne kommt! Ich stapfe wie in einem unwirklichen Traum hinter Dir her, vorbei an »schwarzen Witwen«, blassen »Sternchen«, denen diese Hommage das unverschämte Glück verschafft, sich vor großem Publikum zu produzieren. Mir fällt Fernando ein, der gestern noch sagte: »Sei nicht sauer, aber ick komme nich, weil ich weiß, daß Hinz und Kunz sich auf der Bühne tummeln werden, die mit Henne nischt zu tun hatten.«

Hinten, wo der Flur einen Knick macht, steht Deine Garderobiere, als wenn sie auf Dich wartet, sie raucht, kann mir nichts sagen, ich ihr auch nicht.

Hier rechts bin ich immer im Dunkeln die schmale Treppe runter in den Saal gehuscht, hab mich ganz klein gemacht, weil Du es nicht ausstehen konntest, »daß du jenau vor meine Neese sitzt, bei jedem kleenen Hänger kiekt mich dein blanker Vorwurf an!«

Inzwischen spult jeder Künstler jetzt seinen Beitrag ab, und mich quält die brennende Frage, seit wann Du von Deiner Krankheit gewußt hast. Seit wann, Henne? Ich fürchte, schon seit dem Bergfest von *Kiek ma an,* als Du und die beiden Alfreds für alle Mitwirkenden ein Kaltes Buffet ausgerichtet hatten. Ich seh Dich da noch sitzen, mit Deiner Baskenmütze auf und mit unbeweglichem Gesicht an einem

Brötchen kauend. Evchen – Du weißt doch, die vom Chor – hat richtig beunruhigt gefragt: »Wat war denn mit Henne los? Hat ihre Mütze tief int Jesicht jezogen und is ohne einen Ton an uns vorbeijepest. So war se ja noch nie!«

Auf der Leinwand singst Du jetzt Dein *kleenet Menschenkind*, in dem roten Glitzerkleid, »wo man jedet Polster sieht. Und Du hast nich uffjepaßt, wie jemein die Kamera mich fotografiert hat. Komisch, daß Kollegen immer denken, Fett is ulkig, dabei haben se mein janzet Lied kaputtjemacht.«

Können sie gar nicht, Hennekin, ich habe Dir ja auch nur ins Gesicht gekuckt. Die einzige, die sich über Deine Pfunde aufgeregt hat, warst Du: »Allet uff der Welt jeht natürlich zu, bloß mein Rock, der jeht natürlich nich zu!«

Alfred bringt jetzt ein starkes Chanson: *»Der Franz – nee, der is nich dot, der is doch keen Typ für son langweilijet Grab.«* Man sieht ihm an, wie sehr er sich zusammenreißen muß, damit ihm die Stimme nicht versagt.

Ach Henne, wenn Du doch hiersein und uns trösten könntest. »Alfredchen«, würdest Du sicher sagen, »weeßte noch, wie de ›Mr. Millmos‹ warst?« – »Sure, Mrs. Weatherby«, käme es englisch-vornehm von Alfred. »Übrigens, Mr. Clarence Applebee ist tot. Gestern, nach der dritten Tasse Tee, hatte sich verspekuliert – mit ›Wartburg‹.« – »Wartburg? A castle in Scotland?« – »No, a car in GDR!«

Weeßte noch, wie wir im Kino *Hinterm Rampenlicht* jesehn haben und bei dem Titel *Bye, Bye, Life* an unseren Tränen fast erstickt sind? So wunderbar wollten wir auch sterben, so fabelhaft inszeniert, so hollywoodisch pur: Unter Vivaldi-Klängen von Roy Scheider sanft in die »Ewigen Jagdgründe« hinübergeleitet – *Bye, Bye, Happyness – Hallo Emptyness.*

Später haben wir den Titel so oft gedudelt, daß er uns zum Halse raushing.

»Wenn ick uffjerufen werde, jeh ick«, hast Du mal gesagt, aber so gemeint wie: »Wenn ick Zahnschmerzen habe, jeh

Bloß gut, daß Karsten Speck täglich Kraftsport trainiert.

ick zum Zahnarzt.« Denn selbst Jesus hat in seiner letzten Stunde die bittere Frage gestellt: »Eli, eli, lama asabthani?« (Mein Gott, warum hast Du mich verlassen?)

Margot hat neulich beim Abschied gesagt: »Ich glaube, unsere Dicke sitzt schon da oben auf einer Wolke und amüsiert sich über uns.«

Vielleicht hat sie recht, wir sind gekommen, um zu trauern, und lachen trotzdem über Dich, wie Du mit rasantem Sprung auf Karsten Specks Arm hüpfst, daß der Junge sich mit seinem gesamten body-gebuildeten Körper dagegen stemmen muß.

»Auf Wiedersehn«, singt Dagmar Frederic und legt an der Stelle, von der aus Du die Zuschauer zu Begeisterungsstürmen hingerissen hast, eine Rose nieder. Alle anderen auch, stumm, tief bewegt. »Für Dich soll's rote Rosen regnen, Hennekin«, und ich kann Dir nicht mal sagen, daß die Rose, die Du in meinen Garten gepflanzt hast, das erste Mal blüht und wunderbar duftet, und daß David ein Portrait von Dir gemalt hat. Alle haben sich jetzt von den Plätzen erhoben, standing ovation, minutenlang, kein Vorhang fällt, darf er auch nicht, verdammt nochmal, Du bist so lebendig in uns wie eh und je.

Mir stürzen die Tränen in die Augen, als Du leise, fast zärtlich, singst:

War schön mit euch –

Ja, war es! Und wenn wir uns tausendmal gefetzt haben und Du »jetzt 'ne Fliege machst«, ich trink mit Dir noch »One for the road«, so 'nen Klitzekleenen, bevor wir jehn.

Du lieber Gott, es ist spät.
Kennst Du noch den Weg?

Diese Zeile wollte ich damals eigentlich streichen, aber Du bist richtig wütend geworden:

»Die is jut! Die bleibt! Der da oben hat mal jesagt: ›Macht euch die Erde untertan‹, hat aber nich damit jerechnet, daß wir Kleinholz aus ihr machen. Wir müssen wat tun, Gela, sonst isset echt zu spät!«

Noch nie in meinem ganzen Leben habe ich so laut geschluchzt, so hemmungslos geheult, ich weiß, meine Tränen nützen Dir nichts, aber was soll ich machen?

Dit sitzt zu tief!
Dit sitzt hier drin!

»... aber dit allerschönste von Berlin is, daß die olle Mauer in Stücke jehauen und als Souvenir inne Schrankwand jewandert is. Da liegt se jut und tut keinem mehr weh. Und – nachdem wir DDR-Bürger 40 Jahre lang inmitten unserer ›schönen Wirtschaft‹ seßhaft waren, kommt plötzlich wieder dit Zigeunerblut in uns durch und zieht Mama'n bis nach'm Europacenter und Pappa nach'n Sex-Shop. Mensch, wär dit schön, wenn unser jemeinsamer Weg nich schon am KDW endet – sondern uns weiter führt zum Frieden auf Erden.

Renate Holland-Moritz

Das Durchgangszimmer
Graffunda räumt auf

2 Erzählungen
Einband von Manfred Bofinger
160 Seiten, Hardcover
19,80 DM
ISBN *3-359-733-6*

Renate Holland-Moritz ist eine bekannte Erzählerin. Zwei ihrer schönsten Geschichten, die 1972 vom Deutschen Fernsehfunk bzw. der DEFA verfilmt wurden, gibt der Eulenspiegel Verlag jetzt neu heraus. »Das Durchgangszimmer« (mit dem Filmtitel »Florentiner 73«) erzählt die Geschichte einer 20jährigen Frau, die ihr Elternhaus verläßt, als sie ein uneheliches Kind erwartet. In ihrem zunächst nur als Notunterkunft bezogenen neuen Domizil findet sie schließlich Anteilnahme und Geborgenheit – kurz: ein Zuhause, das diesen Namen verdient. In »Graffunda räumt auf« (Filmtitel: »Der Mann, der nach der Oma kam«) betätigt sich ein junger Mann äußerst erfolgreich als Haushaltshilfe einer Künstlerfamilie und stiftet allerlei Verwirrung. Kluger Witz und der liebevoll-warme Ton, in dem Renate Holland-Moritz ihre Figuren schildert, machen den besonderen Charme dieser Erzählungen aus.

Johannes Conrad

Das kommt vom Eierlegen

Lauter Nonsens
Mit Illustrationen des Autors
256 Seiten, Hardcover
19,80 DM
ISBN 3-359-00735-2

Wußten Sie schon, daß es in Sachsen die Haustiere mit Klinke gibt? Falls Sie´s nicht glauben wollen: Johannes Conrad kann es Ihnen schriftlich geben. Schwarz auf weiß. In seinem neuen Buch »Das kommt vom Eierlegen«. Lauter Nonsens übrigens ...

Es ist voll von nützlichen Tips (»Lerne schweigen, ohne zu reden!«) und wertvollen Erkenntnissen (»So oder so ist das Leben – und wie!«). Der Autor lüftet lang gehütete Geheimnisse aus seinem Privatleben (»Sonntags schlafe ich lange ...«), wirft Fragen auf, die sich jeder früher oder später einmal stellt (»Wer hat die Knopflöcher erfunden?«) und beantwortet sogar manche (»Lieber zehn Stück Kuchen, als ein Stück schreiben.«).

Johannes Conrad schüttelt die Wörter und Reime, bis etwas dabei herauskommt. Fragt sich nur, was? Sinn oder Unsinn? Schwachsinn oder Tiefsinn? Sowohl als auch? Sicher ist nur: Die Grenzen zwischen Gereimtheiten und Ungereimtheiten sind fließend, der Schein der Sprache trügt, und der Boden der Tatsachen schwankt. Philosophie eben: »Ich denke, ich bin, denke ich gerade, also denke ich, daß ich denke, daß ich bin, denke ich, und das bin ich ja dann wohl auch, und darum denke ich eben, daß ich denke, ich bin!« Oder nicht?

Eulenspiegel Verlag
Postfach 106 · 10103 Berlin

Fotonachweis:
Bildarchiv Berliner Verlag (1), DRA Rundfunkarchive Ost (8), Waltraud Denger (Titelbild + 1), Friedrichstadtpalast (6), Gabi Fromm (1), Karl-Heinz Golka (4), Günter Gueffroy (3), Hartmut Schorsch (6), Klaus Winkler (4)

ISBN 3-359-00727-1

1. Auflage 1994

Postfach 106, 10103 Berlin

Gestaltung: P. Fischer Sternaux
Satz: PENCIL Text-Satz-Korrekturbüro
Printed in Germany